目の見えない
アスリートの身体論

JN265165

潮出版社

まえがき

リオパラリンピック、そして四年後の東京パラリンピックの開催をひかえ、障害者スポーツへの注目が高まっています。弾むようにトラックを駆け抜ける義足のランナー、選手同士が激しくぶつかり合う車椅子バスケット、麻痺のある四肢でミリ単位の投球コントロールを競い合うボッチャ。そのスピード感やダイナミックさ、あるいは緻密な戦略に、思わず目を奪われてしまいます。

しかし素朴な疑問が湧きます。「そもそも義足で大地を踏むってどんな感じなんだろう?」「下半身の踏ん張りなしで、どうやってボールを投げるの?」「思いどおりにならない腕でコントロールするって、どんなテクニックがいるんだろう?」つまり障害者スポーツで目にするアスリートたちの動きは、私たちの多くにとって、そもそも経験したことのない動きばかりなのです。

もっとも、オリンピックで目にする動きだって、ほとんどが未体験ゾーンの動きです。一〇〇メートルを九秒台で走ったことのある人なんて人類史上数えるほどでしょうし、特殊な訓練を受けた人でなければ氷の上でジャンプするなんて不可能です。とはいえ、そこにあるのはあくまで「レベルの差」。ボルト選手の走りや羽生《はにゅう》選手の演技が「すごい」のは、これまでにないレベルの「走る」や「跳ぶ」の境地を切り開いているからです。

けれども、障害者スポーツは違います。動き方そのものが、私たちの多くとは違った原理に基づいているのです。同じ「走る」でも、自分の足で走るのと義足で走るのでは、バネの使い方やバランスの取り方が全く異なります。麻痺があれば麻痺の体なりの「走る」があるでしょうし、目が見えなければ目が見えない体なりの「走る」があります。人間の体それぞれ、条件が変われば「走る」の定義も変わるのです。

もちろん、障害のある／なしにかかわらず、同じ一〇〇メートル走としてタイムを競い合うことはできます。そうやってレベルで順位をつけることも、もちろんスポーツの醍醐味です。実際、選手たちはその次元で勝負しています。

しかしながら観戦者として障害者スポーツを楽しむ場合は、その手前に、動きそのものを知る面白さがあります。「足ってそんな使い方があったのか」。「そんなフェイントのかけ方があったのか」。アスリートたちが見せる動きのひとつひとつが、新鮮な驚きに満ちています。私たちの多くがいつもやっているのとは違う、別バージョンの「走る」や「跳ぶ」や「投げる」や「泳ぐ」。障害をかかえた人たちの運動を通して、私たちが気づいていない体の新しい使い方に出会ってみたい――それが本書のねらいです。

それは別の言い方をすれば、障害者スポーツを「障害があってもできるスポーツ」ではなく、「障害があるからこそ出てくる体の動きや戦略を追求する活動」と見なすということです。それが、本論が「身体論」と銘打っている理由です。

障害の種類が多様であるのに応じて、障害者スポーツも実にさまざまなものがあります。その中でも本書は、目の見えないアスリート、つまり視覚に障害のある選手たちの運動にフォーカスを当てました。

目は、足や手と違って運動器官ではありません。だから、変わるのは知覚だけであって、運動そのものは変わらないのではないか？――そんな疑問を持たれるかもしれません。しかし、実際には知覚と運動は密接に連動しあっています。

想像してみてください。目をつぶって全速力で走ることを。いや、ただ歩くことだって、多くの人にとってはままならないでしょう。飛んでくるボールをトラップしてドリブルするなんてもってのほかです。ふだんなら当たり前にできていることが、視覚を遮断したとたんに、思うようにできなくなってしまう。目の見えないアスリートたちのプレイが、いかに「離れわざ」であるかを実感します。

しかし、どんな「離れわざ」にも技術や戦略があります。目の見えないアスリートたちは、日々の生活や特殊な訓練によって、視覚がないという条件で高度な運動をする方法を身につけた人たちです。ラインを見ずにどうやって自分のレーンを走るのか。音だけを頼りに、どうやってボールを「見る」のか。本書では、そんな視覚を使わない運動のひみつに、さまざまな種目の現役アスリートたちとの対談を通して迫りました。

対談の相手を引き受けてくれたのは、ブラインドサッカーの落合啓士《ひろし》選手と加藤健人選手、競泳の木村敬一選手、陸上の高田千明選手、ゴールボールの安達阿記子選手、の四種目五名。全員、日本代表として世界で戦っているトップアスリートたちです。

もっともスポーツとなれば、しかも超一流の選手となれば、日常生活をこなすのとは全く異なる技術や戦略が求められます。その意味で、彼らが語る内容を、視覚障害者一般に当てはめることはできません。本書が扱うのは、あくまで特殊ないくつかの事例です。

けれども特殊だからこそ、彼らの発想は新しい可能性を開拓する創造性に満ちています。健常者が考えもしなかったような、あるいは視覚障害者もふだん行わないような、運動に対する新しいアプローチの数々。そのフロンティアで何が起こっているのか、一緒にのぞいてみませんか。

目の見えないアスリートの身体論　＊目次

第一章

視覚なしのスポーツを見る方法

「離れわざ」のひみつを紐解く

視覚を使わないで一〇〇メートルを走り、ボールが弾む音からバウンドの高さや向きを察知する。目の見えないアスリートたちが見せるプレイは、目の見える人からするとまさに「離れわざ」にも似た驚きに満ちています。本書のねらいは、こうした離れわざの背後にある技術や戦略を解明することにあります。

離れわざの背後にある技術や戦略を解明すること。それはいわば、「魔法」に見えていることが、実際にはタネも仕掛けもある「手品」であったことを明かす作業です。そう言ってしまうと、何だかガッカリされそうですが、あくまで知的に分析することが、障害者スポーツの本当の面白さを実感するためには重要なのではないかと思います。

一般に、テレビなどのマスメディアが障害について語るとき、その語り口は、どうしてもその当事者の「人生」に焦点を当てたものになりがちです。いわゆる「ヒューマンストーリー」としての語りです。障害を持ったアスリートたちであれば、「彼らがどのような困難を乗り越え、そして一流の選手になったか」といった点を軸として物語が作られます。

もちろん、そういった語り口が有効である場合もあるでしょう。障害をかかえて苦労をしている人はたくさんいますし、困難に直面している人にとって、物語が与えてくれる力は大きなものがあります。あるいは、障害の当事者でなくても、美しい物語は感動を呼び、涙を誘うものです。

しかし、そうした感情レベルでの共感は、障害のある人とそうでない人の、本当の違いを安易に埋めてしまうことになりがちです。「視覚を使って走る」ことと、「視覚を使わないで走る」ことのあいだには違いがあり、そこにはたくさんの発見があるはずです。けれどもヒューマンストーリーに流されてしまうと、「大変な苦労をして活躍している選手なんだなあ」と何だか分かったような気になってしまうのです。

違いにこそ分かるための手掛かりがあります。これは一般的な障害の扱い方からすると、正反対のやり方かもしれません。というのも、障害に関してはどうしても「同じ」が強調されがちだからです。「障害があっても健常者と同じようにフルマラソンを走れる」。「障害にもかかわらずダイビングを楽しんでいる」。こうなると、「違い」に注目するのはもはやタブーのような雰囲気さえあります。

もちろん、障害の有無にかかわらず同じことができるように社会的な環境を整備する必要はあります。けれど、同じことをしたとしてもやはりそこには違いがあるはずです。「視覚なしで走るフルマラソン」や「視覚なしでするダイビング」がどんな経験なのかが気になる。たとえば、ある中途失明の女性が、「走るっていうのは両足を地面から同時に離す快楽なんです」と興奮ぎみに話してくれたことがありました。視覚なしの生活になって、常に摺《す》り足をする癖がついていた彼女にとって、それは大きな解放感をもたらしたそうです。それまで、私は走ることを「両足を地面から同時に離す行為」と捉えたことなどありませんでした。こうした「同じ」の先にある「違い」こそ、面白いと私は信じています。

それは感情ではなく知性の仕事です。私たちの多くがいつもやっているのとは違う、別バージョンの「走る」や「泳ぐ」。それを知ることは、障害のある人が体を動かす仕方に接近することであるのみならず、人間の身体そのものの隠れた能力や新たな使い道に触れることでもあります。「リハビリの延長」でも「福祉的な活動」でもない。身体の新たな使い方を開拓する場であることを期待して、障害者スポーツの扉を叩きました。

そのために本書では、目の見えないアスリートたちに実際に話を聞くことにしました。話を聞いたのは、ブラインドサッカー、競泳、陸上、ゴールボールの四種目のアスリート。身体論の立場から、目の見えない人の世界の認識の仕方や身体の使い方について研究している私、伊藤亜紗が聞き役です。

さて、実際に対話の中身に入る前に、この第一章では、離れわざを成り立たせている「ひみつ」を三つの観点から整理しておきましょう。

「整理しておく」と言っても、これらはあらかじめ分かっていたことではありません。アスリートたちと対話を重ねるうちに、共通のトピックがあることに気づき始めたのです。種目の違いを超えて、あっちの選手が言っていたことをこっちの選手がまた話していたりする。それはもちろん「見えないこと」に関連しているもので、しかも見える人にとっては気づきにくい、興味深いトピックばかりでした。

そのひみつとは、具体的には、（1）空間の人工性、（2）ゲームの条件としての「視覚なし」、（3）目の見える人との関わり、の三点。（1）空間の人工性は、スポーツの空間と日常の空間の違いに関するものです。（2）ゲームの条件としての「視覚なし」は、見える人と見えない人の違いに関するもの。そして（3）は文字どおり、目の見える人と見えない人の相互関係に関するものです。

なお、本書では一貫して「障害」という表記を用いています。最近では、「害」という字の否定的なニュアンスを嫌って、「障がい」「障碍」といった表記も見られます。しかし、こうした形式的な配慮そのものよりも、一見否定的に見える特徴をどのように創造的に生かすことができるかを考えることの方が重要であるという思いから、本書では「障害」という法律等で用いられる一般的表記を採用しました。

では、さっそく三つのひみつを順番に見ていきましょう。これらが、第二章以降で語られる視覚のないスポーツを見るうえでの重要な鍵となってくれるはずです。

（1）空間の人工性

最初に確認しておきたいのは、スポーツが行われる空間の特殊性です。人のふるまいは空間に大きく左右されます。スポーツの空間にはどのような特徴があり、それは目の見えない人にとって、どのような影響を与えるのでしょうか。

エントロピーの小ささ

トラック、ピッチ、コート、プールなど、見える／見えないに関わらずスポーツは人工的な空間で行われます。

もちろん私たちの生活の場である街や家の中だって、道路がアスファルトで固められ、電気が通り、大都会であれば夜中までネオンサインで明るく照らされているという意味では人工的な空間です。

しかし、街や家はあくまで私たちが生活する場。最低限の法律やルールは用意されているけれど、基本的には個人がそれぞれの目的や思いにしたがって自由に動き回っています。不意に立ち止まって写真を撮る人もいれば、立ち止まったその人をよけて小走りで先を急ぐ人もいる。お互いに配慮は必要ですが、思い思いの活動が許されています。

それに対して、スポーツが行われる空間は、圧倒的に活動の自由度が低い空間です。管理されているのです。物理的な意味でも地面や水面が線やロープで区切られていますし、ルールという意味でも明確な反則行為が規定されています。

「自由度が低い」というとネガティブな印象を与えますが、近代スポーツとはそもそもそういうものでしょう。つまり、運動の自由度を下げることで、競争の活性を高めるのです。

このような「生活の空間」と「スポーツの空間」の違いを、「エントロピー」という言葉で説明するならこうなるでしょう。生活の空間はエントロピーが大きく、スポーツの空間は逆にエントロピーが小さい空間である、と。

エントロピーとは「乱雑さ」を意味する熱力学の用語です。分子が空間内をあちこち自由に動き回っている気体のような状態は、分子が整列して結晶構造を成している固体の状態に比べると、エントロピーが大きいということになります。

生活の空間は、個々人が思い思いに動いているがゆえに、全体としてはいわば気体の状態のように乱雑な空間です。この乱雑な生活の空間のただなかに特別に設けられたエントロピーの小さい特殊な空間、それがスポーツの空間ということになります。

グラウンドやプールに引かれた空間的な仕切りや実施上の細かなルールは、いわばエントロピーを調節するためのコントローラーのようなもの。コントローラーのツマミをどのように設定するかによって、その空間で行われる競技の内容は変わってきます。

よく、柔道やスキージャンプといった「日本のお家芸」のルールが、日本に不利な方向に変更されたというニュースを耳にします。要は、コントローラーを握れるかがメダルをとれるかどうかの大きな決め手になるのです。選手からすると迷惑な話かもしれませんが、そういったことも含めて、スポーツの空間はきわめて人工的なものであると言えます。

見えないとは予期が成り立ちにくいこと

さて、ここまでは見える／見えないに依らない、スポーツ一般の話です。エントロピーが小さいことは、目の見えないアスリートの動きにどのように影響するのでしょうか。目が見えないとはどういうことなのか、少し根本的なところに立ち返って考えてみましょう。

目が見えない状態の大きな特徴の一つは、「予期が成り立ちにくいこと」です。

たとえば食事の場面。見えていれば、食べたいものをスプーンなり箸なりで食べたい量だけとって、何がどれだけ入ってくるかが分かったうえで、口に運んでいくでしょう。ところが目の見えない人の場合は、食べ物がいきなり口に入ってくることになります。つまり、口に入れてからそれが何であるか知覚することになるのです。心の準備なしに、ダイレクトに対象と出合うことになる。

もちろん匂いや重さで推測できる情報もあるでしょう。しかし、海鮮丼の上のマグロとイカの違い、カレーの中で煮崩れたジャガイモとニンジンの違いを感じ分けるのは至難のわざです。計算ができないので食べているうちに皿の上にニンジンばかり残ってしまったなんていう話も聞くし、周りの人のペースに合わせて食べるということも難しくなります。

予期は行為の手前に置かれる「ワンクッション」のようなものです。予期があれば、「だいたいこんなもんだろう」と分かったうえで行為をすることができる。この予期を作るうえで視覚が大きな役割を果たします。

目で見て、そこにあるコップが紙製であるということが分かっているから強い力で握りつぶしてしまうこともありません。あるいは数歩先に段差があると見て分かっていれば、つまずいて倒れてしまうこともないでしょう。予期があることで、私たちはあらかじめ準備して、なめらかに安全に行為に入ることができています。

もっとも、こうした予期が経験のビビッドさ（新鮮さ）を減少させているのも事実です。特に食事の場面では、目で見て味を予期しているわけですから、食べる前に食べていることになります。全盲の知人が「塩ラーメンと醤油ラーメンの味は変わらないよ」と豪語していましたが、確かに「一方は白で他方は黒」という見た目で味わっている部分もあるのかもしれません。

予期なしで行為するのは危険ですから、目が見えない人も、さまざまな仕方で周りの状況を把握しようとします。

香ばしい匂いがすればそこがパン屋だと分かるし、音のこもり具合からは壁の位置を、頬に感じる空気の流れから交差点に出たことが分かります。あるいは周囲の人の会話から起こっている出来事を推測したり、比較的年齢の若い視覚障害者だと、スマートフォンの画像認識機能を駆使して自動販売機の商品の並びを確認するなんていうツワモノもいます。

視覚を使わないで世界を認識するその方法の多様さについては、前著『目の見えない人は世界をどう見ているのか』(光文社、二〇一五年)で紹介したとおりですが、どれもが「そんな方法があったのか!」と膝を打つようなものばかりです。

こうした「視覚を使わずに見る」方法はどれも面白く、視覚とは違う方法で捉えた世界のあり方を教えてくれるものなのですが、特に慣れていない場所になると、集中力を要するデリケートな作業であることは事実です。ちょっと考えごとをしていただけで道に迷ってしまったり、傘をさしていたために音の反響が変わって距離感が狂い、電柱にぶつかってしまったりなんていうことが起こります。

「食べ物だ」ということは分かっているけれど、ニンジンかジャガイモかは分からない。目の見えない人は、目の見える人に比べると、ビビッドだけど不意打ちの要素が大きい世界に住んでいるということになります。日常生活の空間は、街も料理も法律も目が見える人仕様でデザインされているが故に、いっそうの注意を要します。

「見えやすい」空間

さて、このような予期が成り立ちにくい状態で行為をしている目の見えない人にとって、スポーツをするとはどのようなことなのでしょうか。

多くの人が最初にイメージするのは「危なそう」ということでしょう。予期が成り立ちにくい状況で思い切り走ったり、ボールが飛び交うコートに入っていくことは確かにとても危険な行為に思えます。私たちが目の見えないアスリートに感じる「すごい」の正体も、「あんな危ないことができてすごい」である場合が多いでしょう。私も最初はそう思っていました。

街中は想定外のことがたくさん

しかし、実際にアスリートにインタビューしてみると、まったく逆の答えが返ってきたのです。ブラインドサッカー日本代表の落合啓士《ひろし》選手はこう言います。「ブラインドサッカーは街中よりはるかに安全なんです」。

ブラインドサッカーといえば対人プレイでしかも球技ですから、視覚なしで行うスポーツとしては最も危険そうな種目です。ところが落合選手はそうではないと言う。むしろ「街中のほうが心臓が止まるようなことがいっぱいある」と言います。

なぜブラインドサッカーは街中より安全なのか。そこにあのスポーツの空間の人工性が関わってきます。

空間の区切りやルールによってコントロールされたスポーツの空間は、街中に比べて想定外の出来事が少ない空間です。陸上のトラックにいて、「放置自転車が飛び出しているかもしれない」「スマホに夢中になっている少年が前を横切るかもしれない」などと考える必要は基本的にありません。つまり、エントロピーが小さいから、安全が確保されている。スポーツの空間にいれば、身構える必要がないのです。

別の言い方をすれば、スポーツの空間は「だいたい思ったとおり」の空間だということになります。プールの広さや形はどこへ行っても自分が知識として知っているとおりだし、ゴールボールにおけるゴールの位置や選手の人数が自分の思ったものと変わることはない。見えている人であれば、どこにいようが、頭の中にあるその場のイメージと現実のその場の様子とのあいだに、ズレはほとんどありません。ところが見えない人の場合、街中にいるとこのズレが大きくなり、スポーツの空間ではほとんど無視できるほど小さくなります。どこにいるかによって、空間に対する信頼度が変わるのです。

もちろん、「思ったとおり」と言っても、水の感触や音の反響など、そのつどの意外な情報もあるでしょう。しかしそれはスポーツのプレイを大きく危険にさらすほどのイレギュラーなものではありません。そのような意味で、スポーツの空間は、生活の空間に比べるとはるかに「見えやすい」空間なのです。

スイッチの切り替え

特に個人競技では、「見えやすい」空間にいると、周囲の状況を把握しようと強く身構える必要がなくなります。街中と違って安全だと分かっているから、頑張って状況を把握しようという意識を手放せるのです。

目の見えないアスリートたちの話を聞いていると、どうやらそこにはスイッチのようなものがあるようです。練習場に来るまでの道のりでは注意深く周囲を認識していたのが、練習場についたとたんに周囲認識のスイッチを切って、別のことに労力を傾け始めるのです。

このスイッチの切り替えが一番はっきりしていると感じたのは、競泳の木村敬一選手でした。木村選手は、ほぼ先天的に全盲であるという条件も作用して、周囲の状況についてのイメージを頭の中にもたないで泳ぐのだそうです。それはつまり、ゴールがどこにあるか、自分がプールのどのあたりを泳いでいるかといったことを空間的にマッピングせずに、ただ純粋に泳いでいくということです。

ランニングマシーンに乗っているときのように、身体そのものは運動していても、周囲の環境に対しては止まっている。それはいわば、見えない人が、見ることを本当にやめた状態です。認識スイッチが入るのは、波の変化で前から別の選手が来ると分かったときや、ターンする瞬間のみだと言います。

木村選手のようなイメージゼロの状態は、世界ランク一位のトップアスリートだからこその極端な例なのかもしれません。実際、趣味で楽しむためにマラソンをしている視覚障害者の方に話を聞いたところ、「風景」を楽しんだり、足音から周囲の選手の走りを感じているという答えが返ってきました。外に向かう意識のベクトルを極限まで減らして、ただ自分の運動のみに集中すること。それは記録を重んじるトップアスリートだからこその究極の「純粋運動」だと言えます。

認識にかかるコストをギリギリまで下げ、運動により多くの労力をさけるようにすること。目が見える人でもこのようなスイッチの切り替えは起こっているはずですが、視覚は放っておいても情報が入ってくるので、それを自覚することはあまりありません。

というか、そもそも、そのような純粋運動自体が、目の見える人には到達しえない領域です。目が見えているかぎり、自分と環境を切り離すことはできないからです。五〇センチ前に進めば、周りの景色が五〇センチ後ろに流れる。自分の運動と周囲の環境が否応なく連動してしまうのが、目の見える人の世界です。

一方、目の見えない人は、この連動をギリギリまで断ち切った領域に行くことができる。見えないからこその運動の可能性がここにはあります。

予期から予測へ

木村選手や陸上の髙田千明選手の場合には、個人競技ですから、状況の認識を手放す方向にスイッチが切られます。一方、ブラインドサッカーやゴールボールのような団体競技の場合には、人やボールの動きといった特定の情報に対する感度が上がり、なおかつそこに「予測」という要素が入ってくることになります。

起こりそうなことに対して反射的・受動的に備えるのが「予期」だとすれば、「予測」

はより知的で能動的な準備です。団体競技では、敵や味方が複数いる状況で、いかにシナリオを作り上げていくかが物を言います。

「右にボールを出したらきっとあの選手が走りこんでくるだろう」。「この角度でこの強さでボールを蹴ればギリギリで仲間に届くだろう」。シナリオとはつまり、自分のプレイと他者のプレイを結びつける蝶番《ちょうつがい》のようなものです。団体競技では、自分や他者の行為の結果を予測し、それに応じて自分の動きを組み立て、ひとつのシナリオへとまとめていくことが重要なのです。

このようなことが可能なのも、スポーツの空間では、人の行為とその意図が人工的に方向づけられているからです。日常の空間で目の前にボールが転がってきた場合、人がとる行為はさまざまです。かがんで手で拾う人もいれば、無視する人もいるでしょう。トラップして蹴り返す人もいれば、カバンに入れてしまう人もいるかもしれません。要するに、エントロピーが大きすぎて予測が不可能なのです。

一方、ブラインドサッカーのピッチでボールを受けた人は、それが誰であっても「ボールを相手ゴールに入れて点を取る」という大目的を共有しています。それを手で拾うこともないでしょうし、カバンに入れることもないでしょう。ドリブルで持っていくのか、それとも仲間にパスするのか、もちろんいくつかの選択肢はありえますが、選択肢の数は限定されています。だから、予測が立つのです。

予測はそもそも目に見えないものですから、感覚器としての目が見える／見えないには関係ありません。スポーツの空間だからこそ、個々人の思惑や意図を読むという面白さが生まれます。

他者の動きを予測して動く

団体競技では、文字どおり「見る」ことよりも、思惑や意図を「読む」ことの方が重要です。そこには、フェイントをかけて相手の予期をはぐらかす、なんていうこともあるでしょう。

そのような競技では、試合を観戦する観客にも、見えないものを見る視力が要求されます。たとえば「音の騙し合い」と言われるゴールボール。音にどんな戦略が込められているのかを読みとく面白さは、チェスや将棋の頭脳戦を観戦する感覚に似ています。

（2）ゲームの条件としての「視覚なし」

さて、ここまで視覚を使わないスポーツの第一のひみつとして、「空間の人工性」をあげました。「スポーツの空間は人工的な空間だから『見え』やすい」というこのひみつは、日常生活の空間との比較から明らかになったものです。

次にあげたいのは、見える／見えないの違いに関するひみつです。同じようなスポーツを、目の見える人がプレイするときと、見えない人がプレイするときでは、どのようなアプローチの違いが生じるのか。ゲームの条件という観点から考えていきたいと思います。

ルールの違い

目の見えない人は、目の見える人と同じやり方ではプレイしません。たとえば短距離の一〇〇メートル走。見える人であれば、スターターの合図とともに飛び出し、ゴールをめがけて決められたレーンを一直線に走ることになります。

ところが、レーンを区切るラインもスタートの位置を示すしるしも、目の見えない人にとってはナンセンスです。私自身、陸上部出身で、陸上競技場のグラフィカルな美しさにぞくぞくしたものですが、今思えば、あの空間は恐ろしいほど視覚偏重の空間だったことになります。

そこで目の見えない人がスポーツをするときには、見える人と同じ空間を用いつつ、異なるルールや異なる実施方法でそれを行うことになります。一〇〇メートル走の場合であれば、全盲など重度視覚障害のクラスでは、健常者の伴走者（ガイド）をつけなければなりません。あるいはブラインドサッカーでも、ボールを持っている選手に近づいていくときは「ボイ！」と声で知らせる義務があります。ゴールボールでも、攻撃時にノイズを出すことは禁止。視覚を使わないことを加味して、ルール上の配慮がなされているのです。

注意しなければならないのは、こうした配慮がいわゆる「ハンデ」ではないこと。私も最初は、「見えない人の一〇〇メートル走では伴走者をつける」と聞いて、「視覚がない分を伴走者で埋めあわせるのだな」と思っていました。「伴走者」あるいは「ガイド」という言い方が、いかにも「選手と並んで走りサポートする」というイメージを与えるので、そのように思ってしまったのです。しかし実際に選手に話を聞いてみると、実情はずいぶん違っていました。

ハンデではない

まず、「伴走」と言っても一〇〇メートル走の場合は「並んで走る」のとはちょっと違います。むしろ「共に走る」のです。

何しろ、選手と伴走者は紐で手を結びつけあっています。紐で結ばれた手と手の距離は、高田選手の場合わずか約一〇センチ。その状態で、ゴールまで一気に走っていくのです。

ここにあるのは、共同作業としての一〇〇メートル走です。ぴったり息のあった美しい走りを見ていると「シンクロナイズド・ランニング」なんていう言葉さえ浮かんできます。それは私たちが一般に思い浮かべるあの見える人向けの一〇〇メートル走とは異なる、全く別の一〇〇メートル走の姿です。

「美しい走り」と言いましたが、それが容易なものではないことはすぐに想像がつきます。まず、選手と伴走者はスタートの位置を調整して、最初の一歩をスタートラインから等距離の位置に、同じタイミングで着けるようにする必要があります。そこから先も、体の大きさが違うにもかかわらず、車の両輪のようにペースを合わせて一歩一歩を刻まなくてはなりません。

足だけでなく手と手を結ぶ紐の張力も適度に保つ必要がありますし、ときに伴走者はこの紐を使って進むべき方向を選手に示します。逆に選手は伴走者の息の音を聞きながらペースを計るでしょうし、ゴール直前では伴走者が合図をかけて選手を先に行かせることになります。

これが二〇〇メートル走以上になると、同じ「共に走る」でも新たな戦略が必要になります。コーナーという要素が加わるからです。高田選手によれば、コーナーでは伴走が「壁」になり、選手が外に膨らむのを押さえつけながら走るのだそうです。

ここには、見える人の短距離走にはない、未知の技術、未知の戦略がつまっています。そして、この技術、戦術のすべてのベースに厚い信頼関係があることは言うまでもありません。

「同じ釜の飯を食う」ではありませんが、「共に走った仲」の精神的な結びつきは、きわめて深いものがあります。以前、一〇〇名規模のメンバーが所属しているアマチュアの陸上クラブの練習に参加したことがありますが、そこで参加者が口々に言っていたのも、この結びつきの大切さでした。

厚い信頼関係のうえに成り立つ、「共に走る」ための技術や戦略。もちろん「一〇〇メートルを走るのにかかった時間を競いあう」という意味では、見える人の一〇〇メートル走も見えない人の一〇〇メートル走も同じ種目です。実際、早く走るための腿《もも》の使い方や上体の運び方など、共通する技術もあるでしょう。

けれども、伴走がつくことによって、明らかに要素が増え、新しい知恵が求められています。そして、まさにこうしたポイントをめぐって、見えない人の一〇〇メートル走は競われている。同じ種目でも、「解いている問題が違う」のです。だとすれば、伴走をつけることは決してハンデをつけることではありません。

ゲームとは制限を設けること

一般にハンデとは、参加者間の能力差をならすために行われる操作です。小学生の徒競走に幼稚園児が混じっていたら距離を短くしてあげる。プロとアマチュアで草野球をする場合にプロチームはアウト二回で交代とする。たとえばそんなふうに、明らかに能力が劣る参加者に下駄を履かせたり、逆に優れている参加者に足かせとなるような条件を付与することで、能力の差を少なくするのです。

もし見えない選手に伴走をつける目的がハンデをつけることであれば、その意図は、見えない選手を見える選手と同等にすることを目指したものだということになります。

しかし、実際にはそうではありませんでした。確かに伴走者の存在は、見えない人が見える人と同じように一〇〇メートルの直線を走ることを可能にしています。けれどもそのことが同時に、種目の内容を変え、技術を競い合う新しいポイントを作り出しているのです。つまり、伴走者はマイナスをゼロにしているのではなく、新しい一〇〇メートル走を作り出しているのです。

ブラインドサッカーやゴールボールで使う、音が出るボールでも事情は同じです。ボールに金属の球や鈴を入れることは、確かに見えない人もボールを扱えるようにするための配慮です。しかしその結果として実現されるのは、「同じ」ではない。音がするボールだからこそ「音でフェイントをかける技術」や「音を立てないでパスする技術」が問われるようになります。ボールそのものの転がり方も変化します。つまり、「新しい球技」が生み出されるのです。

先に「空間の人工性」のところでお話ししたとおり、そもそもスポーツは、そしてより本質的にはゲームとは、何らかの制限を設けることによって成り立っています。「ラインの外に出ないこと」「手を使わないこと」「チャンスは決められた回数まで」「ボールを前に投げてはいけない」「制限時間を超えてプレイすることは無効」……とにかくスポーツは否定形ばかりなのです。

もちろん、これらの否定形の中には、選手の安全を目的としたものもあります。でもゲームの本質を成しているのは、あえてプレイヤーの運動を制限するような否定形の数々。近代スポーツは、人の動きに対して人工的に制限を課すことで、放っておけばケンカや場合によっては戦争になるものをゲームに変え、競い合うことを可能にしているのです。

たとえば、ボールをゴールに入れることが目的なのであれば、手を使わないでそれをやるというサッカーのルールは明らかに理不尽です。ましてやオフサイドなんて、ボールがゴールに入ることを遅延させるための妨害でしかありません。しかし、あえてそうした制限をつけることで、サッカーはゲームとして面白くなっているのです。

サッカーの原型は、村全体を巻き込む祭りのようなものだったと言われています。ゴールにされたのは村はずれの水車や畑の門。そこまで運ぶためならボールを川に投げ入れることもあれば、女装した人がペチコートの下に隠し持ったり、はたまた夜が来るのを待って顔に灰を塗った人がこっそり運んでいった、なんていうことも。もちろんボールと関係ないところで血まみれの乱闘も起こったことでしょう。

スポーツとは動きの制限

そんな「何でもあり」の祝祭に対して、時代とともにさまざまなルールが整備されていくことになります。そうして制限を課すことで、当事者だけでなく観客にも開かれたゲームとしてのサッカーが成立したのです。

制限のひとつとしての障害

人の動きに制限を課すことでスポーツが成立する。視覚を使わないことも、こうした制限の一つと考えることができるのではないでしょうか。「手を使わないこと」や「線をはみ出さないこと」と同じように、「視覚を使わないこと」によって独特の運動が生まれ、特有の仕方でゲームが活性化する。まさに、伴走者の存在や音のするボールは、そのようなゲームの条件として機能していました。

もちろん「見えないこと」は当事者にとっては障害です。サッカー選手は試合が終われば手を使うことができますが、目が見えない人は本人の意志でそれを選んだわけではありません。その意味で、スポーツの本質である「制限」と「障害」を同一視することはできません。

けれども、だからこそ、障害を一つの条件として活用することのできるスポーツという場の可能性が見えてきます。

社会的なサポートがあったとしてもなお残る、「見える体」と「見えない体」の根本的な違い。スポーツは制限を本質とする場であるからこそ、この違いを創造的に生かしていくのにうってつけの場です。障害を一つの条件として加えることで、どんな新しいゲームを、どんな新しい運動を作り出すことができるのか。障害者スポーツは、その本性からして創造的なものです。

障害というと、どうしても「共生」や「インクルージョン（包摂）」といった大きな理念が頭をよぎりがちです。そうした理念もときには大切だけれど、目の見えないスポーツの現場にあるのは、ただただリアリスティックな問いの数々です。視覚を使わずにカーブを曲がるにはどうしたらいいか？ボールのどこを蹴ればうまくドリブルできるか？そんな即物的な問いをひとつひとつ解きながら、現場は見えないことの可能性を淡々と拡張しています。

多様なアプローチ

「創造的」という言い方をしましたが、実際、視覚なしという制限条件に対して、選手がとるアプローチは実にさまざまです。

たとえば、同じ陸上の髙田選手が話してくれた走り幅跳びの助走。走り幅跳びは、短距離と違って伴走者をつけません。ひとりで走り、枠内で踏み切って跳ばなければならない。ちょっと間違えば、砂のないところに着地して大怪我にもつながります。

共に走る伴走者のかわりに頼りになるのは、指定の位置にいるコーラー（ガイド）が発する音情報です。ところがここでとる戦略が、国によって、選手によって、全く違うのです。

髙田選手の場合は、スタート位置につけてもらったら自分のタイミングで走り出し、踏切板の横にいるコーラーがその歩数を声に出して数えます。コーラーの声がするので走る方向が分かりますし、リズムにのって跳躍に入ることができます。ところが別の選手になると、コーラーが声ではなく手叩きをします。手叩きの、その手拍子に乗るようにして、選手がスタートするのです。

あるいは同じ手叩きでも、コーラーがスタート位置から踏切板まで音を出しながら後ずさっていき、音の動きによってあらかじめ走るべき道を示すというやり方もあります。他にも、跳ぶタイミングは完全にコーラーに任せ、合図とともに反射的に跳躍に入る選手もいます。

千差万別、アプローチは実にさまざまです。実際に競技を観戦すると、まるでそれぞれの選手が「私にとっての幅跳びはこれだ」と自分なりの定義をしているかのよう。走るときの体重のかけ方や足裏からの情報の入手量など、目に見えない部分を含めれば、その「定義」はさらに多様化してくることでしょう。同様の多様なアプローチが、ゴールボールにおけるボールの投げ方や、ブラインドサッカーにおけるドリブルなど、いたるところに見られます。

ちなみに走ることともさることながら、泳ぐことにおいてもまっすぐ進むことは至難のわざです。特にクロールのようにねじれの入る泳法では、どうしても進路が左右にぶれてしまう。そのロスを減らそうとするのも確かに一つのやり方ですが、木村選手は違います。パワーをつけることで技術的な弱さをカバーしようとするのです。もっとも、レーンのことを無視しているわけではなく、ストロークのときにコースロープに触れることで、その位置を確認しています。

音によるフェイント

さて、これらはあくまで身体運動の技術に関する見えないからこそのアプローチですが、

右の方で音を鳴らして相手を撹乱

対人種目になると、ここにさらに戦略に関する見えないからこそのアプローチが加わってきます。その典型例が、音によるフェイントです。

音によるフェイントが盛んなのは、何と言ってもゴールボールでしょう。ゴールボールの選手たちは、ボールが立てるかすかな音に耳を澄ませ、その音から飛んでくる進路やバウンドの高さ、あるいは選手の体のどの部位にあたったのかを理解します。あるいは選手が出す声や衣《きぬ》擦《ず》れの音、ときにはシューズの音から、仲間や敵がいる位置を知覚します。

これは裏を返せば、音を操作することができれば、相手の頭のなかにあるコートのイメージを変えることができるということです。右の方でボールの音をさせてから左に移動して投げたり、ボールを持っていない選手も投げるフリをして音を撹乱させたりする。こうしたフェイントは、視覚的には騙されることはないものですから、まさに見えないことを生かしたフェイントです。

ブラインドサッカーでも同じようなフェイントが見られます。浮き球を使って音が出ないようにしたり、声ではパスすると言いながら実際にはドリブルで持って行ったり。「見えないからこそコミュニケーションが重要である」というブラインドサッカーの特性を逆手にとって、「見えないから声に頼りがちになる」と捉えることで、そこを突く戦略です。

ブラインドサッカーは日本に入ってきてまだ十数年の若いスポーツですから、これからもっといろいろな戦略が開拓されていくことでしょう。選手たちは、目の前の試合をプレイしながら、同時に「視覚なし」という条件が生み出すゲームの可能性そのものをプレイしているかのようです。

（3）目の見える人との関わり

三つ目、最後のひみつは、目の見える人の存在です。目の見えないアスリートの周りには、それに関わる目の見える人がいます。

もちろん目の見えるアスリートでも、世界で戦うようなレベルの選手であれば、ひとりで試合に臨む選手は少ないでしょう。コーチ、監督、トレーナー、チームの仲間、サポーターなど表には出てこないさまざまな人の力があって、選手は活躍することができます。裏方として選手を支える人たちです。

ところが、目の見えないアスリートの場合には、周囲の人との関わり方が、目の見えるアスリートとはちょっと違います。伴走者のようにもはや「表に出てくる」こともありますし、練習の場面でも技術の習得に見える人が重要な役割を果たします。それがどのようなものか、三つ目の鍵として確認しておきましょう。

アスリートの「目」になる

視覚を使わないスポーツにおいて目の見える人が果たす役割は、基本的には見えないアスリートの「目」になることです。

たとえば目の見えない人の競泳では、目の見える人の役割として「タッピング」があります。タッピングに使うのは、釣り竿のような棒の先に発泡スチロール等をつけた、マジックハンドのような道具。プールサイドに立った見える人が、これを使って選手の頭などを叩くのです。

目的は、壁の存在を知らせること。目の見えない選手は、ストロークの回数によってターンのおおよそのタイミングを感じることはできますが、壁との距離を正確に認識することはできません。そこで、目の見える人が選手の目の代わりになり、ターンのタイミングを教えるのです。

このタッピング、簡単なように見えて意外に難しいそうです。叩き方が弱すぎたり、当たる場所がまずいと、選手は叩かれたことに気づきません。そうなるとタイムのロスになるばかりか、壁に激突して大怪我になりかねません。選手の泳ぐリズムに合わせて的確にタップするためには、一定の技術が必要なのだそうです。また、棒のしなり具合など道具にも工夫が必要です。各選手、使いやすい道具を試行錯誤しています。

声から位置情報を逆探知

ブラインドサッカーも、見える人の存在があって初めてゲームが成立する種目です。ブラインドサッカーでは、フィールドプレイヤーは全員アイマスクをしていますが、キーパー、監督、コーラーは目の見える人が務めます。「コーラー」というのは聞きなれないかもしれませんが、敵ゴールの裏にいて、ポールを叩いたり声を出したりして、ゴールの位置や幅を選手に知らせる役目を指します。

この三人がいかに的確かつ簡潔に情報を提供できるかによって、フィールドプレイヤーの「見える」ものが変わってきます。「○番フリーだぞ!」。「右、五メートル!」。まさに彼らは選手たちの目の代わりだと言うことができます。

もっとも、目の見えない選手にとって有用なのは、この三人が口にする「内容」だけではありません。どこから声を発しているかという「位置」も重要な情報になります。

この三人は試合中ほとんど位置を変えません。キーパーはもちろん自陣ゴール前にいますし、監督はピッチ横のセンターラインの近く、そしてコーラーは先述のとおり相手ゴールの裏にいます。視覚のない世界は、方向を見失いやすい世界です。そんな世界のなかで、ピッチのイメージが頭の中になければ、容易に迷子になってしまいます。キーパー、監督、コーラーが、基準となる三つの位置情報を提供するのです。

キーパー、コーラー、監督の３点から
ピッチ全体の座標軸をイメージ

選手たちは、三つの点という限られた情報をうまく使い、「面」の理解へとつなげます。まず、キーパーとコーラーを結ぶ線を引きます。これがおおよそ二つのゴールを結んだ線になります。次にそれに直交する線を監督のいる位置付近に引きます。これがセンターラインです。こうして、たった三つの位置情報からピッチ全体の座標系が作られます。選手たちは、この座標系の上に自分の位置や他の選手の位置、ボールの位置をマッピングしていくのです。

「声を使ったコミュニケーション」というと、見える人はその言葉の内容のことをイメージしがちです。加えて、せいぜい声色やトーンから情報を得る程度でしょう。ところが見えない人にとっては、その声が聞こえてくる位置情報も、いわば「逆探知」しているのです。スマートフォンで写真を撮影すると、それが撮影された場所や日付についての情報も同時に記録されます。いわばそんな「メタデータ」までをも見てしまうのが、見えない人の見方だと言うことができます。

「見よう見まね」のない世界

見える人が選手の「目」になるのは、競技の最中だけではありません。技術を習得する場面においても、この「目」が重要な役割を果たします。

目の見えないアスリートは、ある技術を学ぶにあたって、他の選手のプレイを目で見てそれを目指すということができません。つまり「見よう見まね」がない世界なのです。運動神経の良さの定義の一つとして、「目で見たことをすぐに自分で実行できること」というものがあります。しかし見えない人の場合は、そもそも目指すべき技術のゴールを、視覚的に得ることができないのです。

では、見えない人はどのように技術を身につけるのでしょうか。もちろん最初は言葉で説明してもらったり、手や足を直接動かしてもらってイメージをつかむということもあるでしょう。

しかし、技術のレベルが上がってくるにつれて、そのような方法で学べることは少なくなってきます。そうなると、自分で試行錯誤して技術を習得する以外にありません。もちろん、見える選手でも最終的なコツのようなものは自分でつかむしかないのですが、見えない選手の場合は、その割合が高くなるのです。

たとえば競泳の木村選手はほぼ先天的に全盲ですから、そもそも泳いでいる人というのを視覚的に見た記憶がありません。音や波から泳ぎ方を学ぶことはできませんから、ほとんど「独学」で泳ぎ方を身につけてきました。さまざまな泳ぎ方を試しながら、記録の出るやり方を探していく。そんな手探りの連続です。

もちろん膨大な努力が必要になりますが、対談で面白かったのは、意図的な計算を超えて技術が習得されることがあるということでした。木村選手が得意のバタフライを会得したのは、たくさん練習を続けて疲れきったときだったそうです。つまり、もう溺れてしまうという段階になって、一番よいタイミングでしか手足が動かなくなったそうです。水という相手があるからこその、面白い技術獲得の瞬間です。

このように目の見えないアスリートは、目指すべき技術の完成形を外から得ることができないわけですが、しかしだからといって、目の見えるコーチや監督がそこに関われないというわけではありません。完成形を与えて導くことが難しくても、選手が行ったパフォーマンスに対してコメントすることならばできます。そうした小さなフィードバックを重ねることで、少しずつ技術をブラッシュアップしていくのです。「型」を手に入れてそれで型取りしていくのが見える人のやり方だとすれば、見えない人は粘土を変形させるようにして少しずつ技術を造形していくのです。

たとえば陸上のトラック競技でのコーナーを走る技術を身につけるとき。目の見えないアスリートは、ラインが見えませんから、身体感覚として、コーナーの曲率を覚えておく必要があります。伴走者はいますが、なめらかに曲がれれば曲がれるほどロスが少なくなります。だからあらかじめ知っておくことは重要です。

もちろん、この曲率は一つではありません。どのコーナーを割り当てられても走ることができるように、インコースからアウトコースまですべての曲率を理解しておく必要がある。曲率だけではありません。直線からどのようにコーナーに入り、ふたたび直線にもどるか、その変化のタイミングも理解しておく必要があります。

このようなとき、練習で何度も走ってみて、そのつどの走りに対して目の見える仲間のフィードバックを受けるやり方が有効です。「ちょっと膨らみすぎ」「体勢を戻すのが遅すぎ」「体を傾けすぎ」。パフォーマンスを仲間に見てもらい、目指すべき形との差異を言葉にしてもらうのです。とはいえ、想像するだけでもこれは難しそうです。身体感覚だけを頼りに、こうしたコメントを受けて「さっきの走りの感覚」に微調整を加えていくのです。

関係の中にある身体

このように視覚なしのスポーツにおいては、目の見える人が選手にとって「目」の役割を果たします。こうした役割そのものは、日常生活におけるサポートでも見られることでしょう。

しかし、単なるサポートでは終わらないのがスポーツの面白いところ。特に競技の場における介入は、それ自体がゲームの勝敗を分けるキャスティングボードになります。前節で伴走を例にとってお話ししたように、見える人の介入は「ハンデ」ではなく、ゲームの新しい可能性を作り出す「条件」となるのです。オフィシャルにはそうでないとしても、事実上は、見える人もときにプレイヤーの一人になるのです。

たとえば先にも出た髙田選手の走り幅跳び。伴走者をつけずに一人で走ることになりますが、「コーラーの腕の見せどころ」がたくさんあります。踏み切りの位置を声や手叩きで教えるのは先に触れたとおりですが、何度か跳ぶ様子を見てスタートの位置を微調整するのもコーラーの重要な仕事です。

髙田選手の話で面白かったのは、そこにある種の心理戦のような要素があることです。目の見えるコーラーは、まるでエンジニアのように、ベストの跳躍に向けてセンチ単位の調整をかけています。ところが実際に跳ぶのは、機械じかけのロボットではなく、生身の人間です。つまり、調整を行ったこと自体が、選手のパフォーマンスに影響するのです。

スタート時、いつもより左につけたことが分かれば、選手は「今日は右に曲がる傾向があるんだな」と気づき、無意識に自分の走りを調整してしまいます。そうなると、コーラーの計算が狂ってきてしまう。髙田選手が「教えて」と頼んでも、髙田選手のコーラーである大森盛一さんは教えてくれないことがあるのだそうです。

もちろん、教えないことがいつも正解とは限りません。頑なに拒み続けたら、かえって選手の不安をあおってしまうでしょう。実際の調整に加えて、調整したことを伝えるかどうかの判断を迫られる。そんなコーラーと選手のあいだの心理的な駆け引きが、実際の戦いの場で起こっているのです。

「目」を他者に委ねているからこそ、目の見えないアスリートの身体は複数の思惑の中で動きます。先述のとおり、もちろん目の見えるアスリートだって背後にはたくさんの人がいて、その人たちの尽力がすばらしいパフォーマンスを生み出しています。けれども、目の見えないアスリートの場合は、他者からの影響が試合のただなかで、まさにライブで起こります。その意味で、目の見えないアスリートの身体は関係のただなかにあるといえます。

身体論としてのスポーツ

障害がある人のスポーツに対して、日本ではまだまだリハビリの延長や福祉的な活動ととらえる傾向が強いのが現状です。「関係の中にある」という身体のあり方も、捉え方によっては「依存している身体」「自立していない身体」というイメージを与えます。

しかし、髙田選手と大森さんのあいだで起こっていることを改めて観察してみれば、そのようなイメージがいかに早計であるかに気づきます。そこにあるのは、「見える人が見えない人をサポートする」という関係とは全く違う、というより正反対の関係だからです。何しろ、見える人が見えない人に対してあえて情報を与えず、それどころか見えないことを逆手にとるような駆け引きがなされているのですから。ふつうに考えれば、「弱者の主体性を奪っている」「情報のアクセシビリティを保障すべきだ！」と、目くじら立てて怒られそうな関係です。

目の見えないアスリートの様子を観察していると、その周囲で繰り広げられている人間関係に拍子抜けすることがあります。体が関わる場面ですから、どんな抽象的な意味づけよりも先に、見えないという物理的な差異がまず迫ってきます。だからこそドライに、当たり前のこととして見えないことが扱われているのです。もちろん、その根底には、同じチームメイトとしての強い信頼関係があります。そして、いい結果を残したいという共通の目的があります。おそらく、そこには「障害」という言葉さえないでしょう。

この世にひとつとして同じ体はありません。ブラジル人と日本人では筋肉のつき方が違うし、人それぞれ得意な動きや痛めやすい部位があります。このように生まれ持った条件が違うのだから、本来であれば、競争するということ自体が理不尽な試みです。でも、それをあえてやるのがスポーツです。与えられたこの体を、どんな技術とどんな戦略で使いこなすのか。そこに唯一絶対の正解はありません。各人が自分の体ならではの答えを出して勝負するのです。

体は、生き物であるかぎり誰もが偶然手にしてしまうものです。生まれてくる子どもが、どんな性別、どんな顔、どんな能力を持ちうるかは、「神のみぞ知る」です。もっとも近年では、医療技術や生命工学の発達によって、私たちの「自然さ」がゆらぐような場面も多々あります。レーシックによって近視を矯正したり、出生前診断によって命を選ぶことが現になされています。

とはいえ、ひとまずスポーツの理念は、偶然手にしたこの体を元手にして勝負するところにあります。「自然」「神」「運命」……何と呼んでもいいですが、人間にはどうにもならないこの体というものに対して、知恵と鍛錬で挑んでいくのです。挑んでいるけれども、どうにもならなさを受け入れてもいる。スポーツというと、「挑む」の側面ばかりが注目されがちですが、それは「体の自然さ」「どうにもならなさ」という思想に裏打ちされてもいます。ドーピングがあれほど厳しく罰せられるのも、まさにこの思想に反する行いだからに他なりません。

どうにもならないことに向き合っている点こそ、スポーツの崇高さです。スポーツでは、しばしば「人間の限界に挑む」という言い方がなされますが、それは単に能力の限界という意味ではないでしょう。本来的に人間の意志を超えたものである体に対して、どこまで人間の力を及ぼすことができるか。自然VS人為という伝統的な構図がそこにあるから、スポーツは「人間の限界に挑む」営みなのです。

競泳の木村選手は、見えないことに対して、「それが当たり前」「そういうものだから」と答えます。木村選手のこのおおらかさは、この意味で、まさにスポーツマンシップの原点を示しているように思います。生まれつき、あるいは人生の途中でたまたま障害を手にした人が、まわりのスタッフとともに、その身体で走ったり跳んだりする方法を開拓する。そこに私たちは、体という自然に挑む人間の創造性を見いだします。

本書のタイトルに「身体論」という言葉をかかげた意図も、ここにあります。もちろん、私自身が身体論の専門家である、というのもこの言葉を冠した理由の一つなのですが、アスリートたちは、まさにその実践のただなかにおいて、身体について問い、その可能性を追求しています。気の遠くなるような努力によって磨き上げられた、一回の走りや一回の泳ぎ、あるいは数秒間のドリブルや一度の投球。以下のページで語られるその身体論は、私たちが持っている身体のイメージをぐっと拡張してくれるはずです。そして、「身体を手にするとはどういうことか」という根源的な問いについて考えるヒントを与えてくれるはずです。

参考文献：中村敏雄『オフサイドはなぜ反則か』平凡社、二〇〇一年

第二章

ブラインドサッカー

落合啓士選手／加藤健人選手の場合

本章に登場するアスリート

落合啓士（おちあい・ひろし）

1977年神奈川県生まれ。ニックネームはオッチー。

10歳の時に徐々に視力が落ちる難病を発症し、18歳で視覚障害者に。25歳でブラインドサッカーに出合い、その後、日本代表に選出される。世界選手権2014、アジア選手権2015では、日本代表キャプテンとして出場するなど、チームに欠かせない存在。「buen cambio yokohama」を立ち上げ、主力として活躍中。

本章に登場するアスリート

加藤健人（かとう・けんと）

1985年福島県生まれ。ニックネームはカトケン。

高校3年の頃から遺伝性視神経症の一種であるレーベル病を発症し、徐々に視力が落ちていく中、ブラインドサッカーに出合う。現在は「埼玉 T.Wings」に所属し、チームキャプテンを務める。2007年4月、アジア大会選考のための合宿から日本代表チームに参加し、攻守の要として活躍する。

【ブラインドサッカーの基礎知識】

・ピッチは四〇メートル×二〇メートルで、フットサルコートの広さと同じ。両サイドライン上に高さ一メートルほどのフェンスが並び、ボールはサイドラインを割らない。

・ボールは、フットサルボールと同じ大きさ。全盲の選手たちにボールの位置や転がりが分かるように、転がると音が出る特別なボールを使用。

・公平を期すため、目の上にアイパッチをはり、アイマスクを着用することが義務付けられている。また、選手同士の衝突や転倒の際、頭部の外傷を予防するために、保護用ヘッドギアの装着が推奨されている。

・フィールドプレイヤーは四人。キーパーは晴眼者または弱視者が務める。また、敵陣ゴールの裏に、「ガイド（コーラー）」が立つ。攻めている場面でゴールの位置と距離、角度、シュートのタイミングなどを声で伝える。

・試合時間は前半、後半とも二五分で行われる。

・危険な衝突を避けるため、プレイヤーはボールを持った相手に向かって行くときに、「ボイ！」と声を出さなければならない。出さなかった場合はファウルとなる。

・ペナルティーエリア内での反則には、相手にPKが与えられる。ゴールから六メートルの位置から蹴る。また、前後半それぞれ、チームの累積ファウルが四つを超えた場合に、相手に第二PKが与えられる。ゴールから八メートルの位置から蹴る。

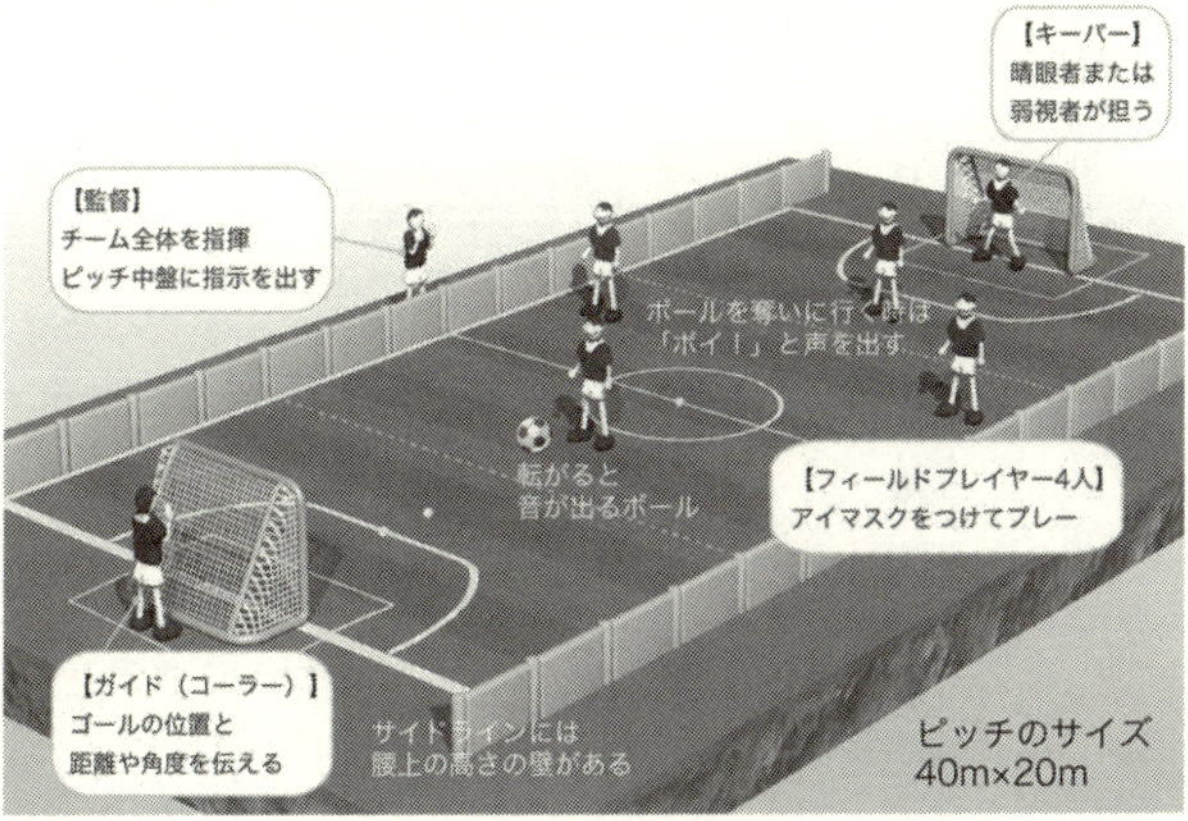

提供＝日本ブラインドサッカー協会

ブラインドサッカーとの出合い

伊藤亜紗 まずお二人の現在の見え方を教えてください。カトケン（加藤健人）選手から、いかがですか。

加藤健人 目の見え方は光を感じる程度なので、明るい／暗いは分かります。でも、前に誰かが立っている、その姿がハッキリ見えるっていうわけではない。何となく感じるものはありますけどね。あとは音がこもったり反響する度合いも感じますね。

伊藤 そのような状態になったのは、何歳ですか？

加藤 レーベル病[※1]という病気を発症したのは高校三年生です。今、三十一歳なので一三年ぐらい前ですね。まず片目の視力がなくなって、徐々にもう片方の視力も落ちていきました。あんまり記憶にないんですけど、最終的に今のような感じになったのは二十歳前後だと思いますね。

伊藤 ということは、まだ見えていた時期の方が長いというわけですね。先輩のオッチー（落合啓士《ひろし》）選手はいかがですか。

落合 啓士　私も今の見え方は光を感じる程度です。私の病気は進行性の難病なんですけど、十歳ぐらいから徐々に症状が出始めて、視力と視野が落ち始め、二十三〜四歳の頃に、今のような見え方になりました。白杖がないと街中を歩くのは厳しいなと思った十八歳を視覚障害者になった年と考えると、今は視覚障害者になって二一年ですね。

伊藤　オッチー選手の場合は、見えなくなってからの方が長いわけですね。しかもかなりゆっくり、一〇年以上の時間をかけて徐々に視力が落ちていった。いずれにしてもお二人は子どもの頃は見えていたわけで、そもそもサッカーがどのようなスポーツであるかを視覚的に知っているわけですよね。そのうえで、ブラインドサッカーを始められた。とはいえ最初はやはりギャップがあったのではないでしょうか。

加藤　小学校三年生からサッカーをやっていて、二十歳の頃、見えなくなってからブラインドサッカーに出合いました。目が悪くなるにつれて、学校も休みがちになり家にこもる時間が増えていったんです。そんななか、両親は、僕にも何かできることがあるんじゃないかと、いろいろとネットで調べてくれました。そして、見つけてくれたのがブラインドサッカーでした。当時住んでいた福島から、茨城県のつくばにあるチームを見学しに行ったのが最初です。

そのときは、アイマスクを着けてサッカーするって、ちょっとイメージ湧かなかったですね。まぁ、見に行ってもあまりよく分からなかったんですけども（笑）。でも、実際にアイマスクを着けてサッカーをやっていたことに関してはすごいなと思いました。その後、筑波技術短期大学、今の筑波技術大学に入学して、針灸やマッサージの勉強をしながら、そのチームに入ってブラインドサッカーを始めました。

落合　私がブラインドサッカーを始めたのは、二〇〇三年の一月、二十五歳のときです。その前年十二月に、葭原滋男《よしはらしげお》[※2]さんに出会って、誘っていただいたんです。日本のブラインドサッカーは、二〇〇二年に、大阪の日本ライトハウスの岩井和彦[※3]さんと、現在協会代表理事の釜本[※4]が、韓国でブラインドサッカーと出合って、それを日本に持ってきてくれたところから始まりました。だから本当に黎明《れいめい》期にブラインドサッカーと出合ったことになります。関東では、松戸と、さっきカトケンが言った筑波と、あとは東京の筑波大附属視覚特別支援学校の三カ所で普及が始まりました。ぼくはそのうちの松戸のチームの練習会に参加しました。

スポーツはずっと好きで、目の見えていた小学生の頃にはサッカーをやっていました。他にも中学三年間は柔道を、高一の頃に陸上を少しだけやっていました。見えなくなってからは、バレーボールをやったり、ゴールボールで日本代表をさせてもらったりしていましたね。

伊藤　もともと視覚を使わないスポーツをやられていたということは、ブラインドサッカーには入りやすかったですか。

落合　もちろんサッカーは大好きなんですけど、正直、見えていた頃のサッカーのイメージが強すぎて、当初の私は、ブラインドサッカーを体験してみて、「これはちょっとサッカーとは言えないんじゃないかな」っていう感じでした。ブラインドサッカーって、足の間でドリブルしたりとサッカーではあまりしない独特の動きがあるので。はじめは「是非やりたい」というよりかは、「いや、つまんないな」っていう感じでしたね（笑）。

伊藤　なまじサッカーが好きで自分でもやっていたからこそ、かえってブラインドサッカーに壁を感じた。でもそこから目覚めていったわけですね。

落合　そうですね。私の場合は少し過程が変わっていると思います。一月に一回目の練習会に参加して、そのときに「つまんない」と感じて、「もうブラインドサッカーはいいかな」と思ったんです。だけどそのときに、「三月に大会があるんだけど、人が足りないから出てほしい」って言われて出場したのが第一回日本選手権でした。その大会で、当時の日本代表監督の方が代表選考会に推薦してくれた。それでブラインドサッカーの日本代表に選ばれたからには真剣にやろうと頑張るうちにどんどんハマっていった感じです。

伊藤　黎明期でまだやりこんでいる選手がいないなか、オッチー選手の基礎的な身体能力の高さが買われたわけですね。

その身体能力の高さについてですが、見えている人がブラインドサッカーを見たときの衝撃は、まずピッチ内を全速力で走っているという点にあると思います。視覚を使わないでどうやって走っているんだろう、と。

加藤　全力で走るっていうのは、僕にとってはまだ難しいところではあります。周りに何もないと分かっていて、人の声がする方に向かっていくのであれば全力で走れます。でも音や声がない状態で、自分の感覚だけでまっすぐ走るっていうのは難しい。代表メンバーの中にはできる方もいるので、練習次第だとは思っているんですが。

伊藤　オッチー選手はどうですか？

落合　私の場合は夜盲《やもう》という症状があって、小学校高学年の頃から暗いところがほぼ見えなかったんですよ。つまり暗闇の恐怖には慣れていた。だからブラインドサッカーを始めるときも、目隠しして全力で走ることに対しては、実は恐怖心がなかったんです。ただ私の場合は、「一〇メートル走れ」って言われて、感覚で一〇メートルぐらい走るということが最初の頃はできませんでした。それが自分にとっての壁でしたね。まっすぐ走ることは、音や声がなくてもできるんですけれども。

伊藤　ぶつかっても、それがトラウマになって走れなくなることはないんですか。

落合　あまりないですね。ただ、過去に一回だけ恐怖心が出たことがあります。ブラジル遠征に行ったときに、転倒して鼻を骨折したんですよ。出血多量で、意識がもうろうとしました。その後、ブラインドサッカーには復帰したんですけど、数カ月間は怖かったですね。ボール追っかけているうちに、気づけば恐怖心はもう忘れていましたが（笑）。

秒数で距離を計算する

伊藤　その恐怖心を乗り越えられるオッチー選手のメンタルの強さもすごいですが、やはりベースには、夜盲だった小学生のころから培った、光なしで動くノウハウの無意識の蓄積があるんでしょうね。

落合　そうですね。小さい頃から杖を持たずに暗いなかを歩いていたので、たとえば、足の感覚というのは、カトケンと比べたら私の方が少し慣れているかなと思います。足裏でかなりの情報をキャッチしています。ただ、今は足だけじゃなくて体全体で、「このスピードでこのくらい走ったら一〇メートルだな」というようなことを無意識に計算しています。歩数というより秒数を感じながら、「自分の全速力で走ると、何秒後にこれくらい進んでいるだろう」という予測を立てています。

伊藤　なるほど。見えていれば自分の現在地は一目瞭然ですが、視覚を使わない場合には、ある種の「計算」が必要なわけですね。移動速度と時間から、自分の現在地を予測してモニターしておく必要があるんですね。

攻撃中は主観ショットでビジュアル化

伊藤　気になるのは、プレイ中のお二人の頭のなかで、ピッチの状況がどのようにイメージされているかということです。そもそも「イメージ」という言葉がビジュアル化を前提にしているので間違っているのかもしれませんが、たとえばカメラの主観ショットのように、奥にゴールがあって、手前に選手がいて、そこに向かって走っていく、というような一人称的なイメージはあるのでしょうか。

落合　そうですね。一応ピッチは常にビジュアル化していて、そのなかに自分を位置づけています。ゴールのように確実に動かないものはビジュアル化しやすいですが、人はそうはいきません。声がすると、「あそこに人がいるんだな」と分かるので、声がするたびいきなりピンが出てくる感じですね。

声がするとピンが出てくる

伊藤　ピン？

落合　顔もなくて、ユニフォームも分からないんで、人型のピンみたいな感じです。

伊藤　面白いですね。見えていた時期があるから、音情報は形があるものに変換される。ただしオッチー選手は見えなくなってからも長いから、完全なビジュアル化ではないんですね。その「ピン」は人間の大きさで出てくるんですか。

落合　そうですね。声の聞こえてくる高さで、自分よりも背が高いか低いか、同じぐらいかっていうことは、頭のなかではイメージしてますね。ただ体格までは、声だけでは分からないので、試合に入る前に、チームの仲間から情報としてもらっておきます。「〇番、背高いけど線細いよ」とか。

伊藤　カトケン選手は、いかがですか。声が聞こえた場合に、オッチー選手と同じようなイメージを持ちますか。

加藤　僕もビジュアル化されていて、ものがあるかのように見えているイメージでやってますね。現実には、アイマスクしているので見えないのですが、人がいて、ゴールがあって、壁があって、というのは、何となく見えています。

ただ、見えている範囲がまだまだ狭いと感じますね。ブラインドサッカーでは、相手のボールを取りに行くときに「ボイ、ボイ」と声を出さないといけないのですが、その声のように近くから聞こえれば、はっきりと見えてきます。でも、その後ろの選手とか、さらにその後ろの選手ってなってくると、そこまでは見えていないですね。

伊藤　お話を聞いていると、自分の一人称視点でフィールドをイメージされているようですね。つまり、いわゆる「見る」に近い状態です。その場合、たとえば自分の背後から聞こえた音は、ビジュアル化されないわけですよね。「背後を見る」というのは経験として知らないから、頭の中でも起こらない。見えていたときの経験が、見えなくなってからも、音をビジュアル化するときの条件として関わってくるのは興味深いです。

守備のときはピッチを俯瞰するモードに切り替わる

伊藤　逆に、そういった「見る」を離れたイメージ、たとえばピッチ全体を上空から俯瞰《ふかん》しているような視点で捉えることはありませんか。

加藤　ああ、そういうときもあります。

落合　オフ・ザ・ボール（選手がボールに関与していない局面）のときは、そういう見え方です。

加藤　ディフェンスのときや、味方がボールを持っているときはそうなりますね。

落合　でも自分がボールを持つと、自分の主観ショットになります。

伊藤　面白い！　ボールを持っているかどうかで、視点が切り替わるんですね。

加藤　今の日本代表チームはディフェンスにはかなり力を入れています。ディフェンスの場合は、一人で守るというより、チームで守るという感じになる。そうすると、味方との距離感を全体的に見る必要が出てくるので、俯瞰の視点になりますね。

落合　ダイヤモンド型でディフェンスをすることが多いです。まず、最初のディフェンダーが囮になって相手に向かいます。実際にボールを取るわけではなく、「ボイ」と言って詰めながら相手の進路を限定するんですね。抜かれると同時に並走して、相手が内側に曲がれないようにする。相手が外に逃げたときには、必ず次のディフェンダーがいるようにして、二人で囲って取るっていうのが、僕らのスタイルですね。

加藤　ダイヤモンドがもし、ずれてしまったら、その場所に守備する人がいなくなってしまう。だから空いている選手が、そこにフォローとして入らなきゃいけないんです。

伊藤　なるほど、フォーメーションを特に意識する場合には、俯瞰ショットの視点が必要になるわけですね。

ただ、自分や仲間がピッチのどこにいるのか、つまりサイドラインから何メートルくらい離れていて、どっちを向いているのかなどを正確に把握するのは難しそうです。ピッチ全体のフレームをイメージし、そのなかに自分や仲間の位置座標を取っていかなければなりませんよね。

加藤　ブラインドサッカーは、やっぱり声が大切です。特に、目が見えている仲間からくる情報は大切です。ブラインドサッカーには、チームの仲間で、目の見えている人が三人

声を頼りに座標軸を作る

いるんです。それは「ゴールキーパー」、「監督」、そして相手ゴールの後ろにいる「コーラー（ガイド）」（味方にゴールの位置を伝える人）です。その三点が重要で、その声を聞きわけながら、自分の立ち位置というのを理解していますね。

落合　僕の場合、いまカトケンが言った三人のいる位置を結んで座標軸のようなものを作っています。コーラーとキーパーっていうのは縦軸でほぼ結ばれています。横五メートル動けますけど、その範囲にいるわけです。そして、監督のポジションっていうのは、ピッチのサイドラインの外にあるわけですが、センターラインの三メートル後ろにいるっていうのを情報として入れておけば、声よりも三メートル前へ行けばハーフですから、これが横軸になります。

伊藤　「ブラインドサッカーは声が重要」と言いますが、それは単に話される内容ということではなくて、位置をとらえる基準にもなるんですね。

落合　そうですね。もし、左サイドにボールがある場合、相手キーパーが声を出していれば、キーパーとそのボールを持っている人の間にディフェンスの最終ラインがあるということが分かります。あるいは、自分が右サイドにいて、もう一人の味方が叫んでいれば、声がするところにいると分かりますし、叫んでいなければ事前の約束事として、逆のサイドにいるとチームで決めているので、そこにいると分かります。加えて、相手のフォーメーションも、自分がスタメンじゃないときには情報として聞いておいて、自分がピッチに入ったときには、そのフォーメーションをイメージしてプレイしている感じです。

伊藤　なるほど。前提となる縦横の座標軸がまずあり、そこに声で分かる「ここには確実に選手がいる」という情報と、フォーメーションや事前の約束から想定される「ここには選手がいるはずだ」という情報を組み合わせながら、全体を俯瞰して、選手の位置を理解しているんですね。「想定」も入ってくるというところが面白いですね。

落合　そうです。だから変な話、初心者の、まだフォーメーションをきっちりつくるレベルに達していないチームと対戦すると、意外なところに選手がいたりしてビックリすることがあります（笑）。「サッカーの動き」をしていない相手は、逆に動きが読めないんです。

あと、音から察知して守備をするということもないので、こちらのフェイントにもうまく引っかかってくれません。

予測が立つから、見たことにできる

伊藤 お話を聞いていてとても面白いなと思ったのは、スポーツという人々が共通のルールにしたがって動くフィールドだからこそ、見えなくても相手の動きが読めるということです。たとえば新宿駅のようにたくさんの人がいて、それぞれの人が思い思いの方向に動いているエントロピー（不確定さ）の大きい空間では、前から来た人がどちらに曲がるのか、それとも止まるのか、動きがほとんど予想できません。しかも最近ではスマホの画面に熱中している人が多く、ますます予想が立ちにくくなっている。スポーツは、そのようなカオティック（混沌とした）な現実の中に、エントロピーの小さい特殊な空間をつくることだと言えますね。そして、そのような全員が「サッカーの動き」をしている空間では、予測が立ちやすくなるから、視覚の必要性が相対的に下がるんですね。予測が立てば、ほぼ見たことにできてしまう。

落合　そうですね。みんな、ブラインドサッカーは危ないって言うんですけど、街中よりはるかに安全なんです（笑）。さっきも私、駅の改札出たときに、自転車に白杖を巻き込まれて、もうちょっとで折れるところだったんですよ。

伊藤　危ないですね。

落合　街中の方が心臓が止まるようなことがいっぱいありますね。

伊藤　一般にはブラインドサッカーって対人プレイで危険だという印象があるけれど、予想のもとに動けるという意味では街中よりもはるかに安全なんですね。

　人の位置だけでなく、ボールの動きについても予測が立ちますか。たとえば、自分がボールを蹴ったときに、その蹴ったときの音や感触で、ボールがどっちに、どのぐらいの強さで飛んでいったかっていうことは、かなりイメージできますか？

加藤　はい、それはできてますね。

伊藤　自分以外の周りの選手が蹴ったボールもわかりますか？

加藤　音でだいたい分かりますね。だからこそ、セットプレイのときなどは、相手に分かりにくくするために、浮き球を使って音を消したりしています。

伊藤　そうか。空中にあるときにはボールは音がしないから、相手の予測の目をくらませることができるわけですね。

落合　そうです。なので最近は、作戦として浮き球でパスをするチームが増えていますね。

伊藤　でもブラインドサッカーのボールって、かなり重いですよね。

落合　ブラインドサッカーのボールは中に金属の球が五〜六個入った金属の円盤状のケースが六〜八個、ボールの裏側に縫い込んであるんです。

伊藤　あれ、よく「ブラインドサッカーのボールは中に鈴が入っている」と言われますが、鈴ではなく金属の球が入っているんですね。

落合　そうです。しかも、入っているのは国によって金属だったりプラスチックだったりするので、作った国がどこかによって音が違います。重さも違います。

ボールには金属盤が

加藤　触っていただくと分かりますが、ボールに硬いところと柔らかいところがあります。金属球の入った金属盤が入っているところは硬いんです。

伊藤　ほんとうだ。これはプレイに影響するんじゃないですか。

落合　影響しますね。このボールは、実は完全な球体じゃないので、まっすぐ転がらずに途中で曲がります。また、硬いところを蹴ってしまうと、痛いです（笑）。インステップといって、足の甲だったらまだいいんですけど、トウキックする（つま先でボールを蹴る）ときに、その硬いところを蹴ったら、もう痛いですね。

メッシのドリブルはブラインドサッカーのドリブル

伊藤　ブラインドサッカーの特徴のひとつとして、ドリブルの仕方がありますね。あの独特の、両足で交互にタッチするドリブルです。

加藤　いわゆるサッカーのドリブルはリズムが必ずしも一定ではありませんが、ブラインドサッカーはまずは一定のところから始まります。両足のインサイドでリズムよく、交互にタッチしていく。そうすることで常にボールと触れることができ、ボールをコントロールすることができます。「ちゃんちゃんちゃんちゃん」というリズムが自分の中に入ってこないと、なかなかうまくいきません。足のリズムとボールが転がるリズムを合わせるんですが、これがなかなか難しい。そこから徐々に、その幅を変えたり、スピードを変えたりといった変化をつけるようになります。足の内側のところに当たっているか、前の方に当たっているか、後ろの方に当たっているのかで、ボールの軌道が変わってきますから、当てる位置を意識しながらやっていますね。

落合　最近、サッカーに詳しい知り合いに、メッシのドリブルを事細かに教えてもらいました。彼はドリブルしながら、ボールのちょっと内側やちょっと外側を細かく細かく触っていきます。そのうえ、ほとんどボールを見ようと顔を下げず、常に相手を見ている。相手の重心移動を見ながら、「外・外」と続けて外側を触ったり、「内・内」と続けて内側を触ったりして、相手をかわしていくんです。常に細かく触っているから、どっちにも対応できる。その話を聞いて、メッシのドリブルは、自分が目の見えない状態でやろうとしているブラインドサッカーのドリブルに近いんだなと思いました。

伊藤　葭原さんも同じことを言ってました。メッシほどの選手になると、そもそもボールを見てなんかいないですよね。触る瞬間に足から情報をキャッチしている。だからサッカーがハイレベルになるとブラインドサッカー化してくるわけですね。そうすると、あの吸い付くようなドリブルが生まれる。

落合　僕が今やっているのは、右足でボールを引きずりながら、左足で進む、というやり

両足の間にボールを吸いつけてドリブルする

方です。僕らの場合は、できるだけボールと足が離れない方が、分かりやすいわけですよ。離れてしまうと、まっすぐ転がって欲しいときにちょっとだけ右に転がったりする。そうすると、ちょっとだけ足の外に当たっちゃうわけですよね。なので、走るときにできるだけボールをぐっと右足で押しながらドリブルするんです。その右足の引きずるスピードや感覚と、左足の自分のステップの間隔、これをボールの転がるスピードと合わせていけば、スピードも維持できるんです。

伊藤　視覚がないぶん足のどこでボールを受けるかも不確定要素が大きくなり、なおさら「吸いつけておく」ことが重要なんですね。そして、ボールが足に吸いついていれば、もう音で毎回ボールを確認する必要もなくなりますね。

落合　そうですね。両足の間のドリブルのときって、音は聞かずに足の感覚のみでやっています。で、さらに上のレベルになると、この足の感覚すら意識しなくなる。いま世界最高のプレイヤーと言われているブラジルのリカルド・アウベス選手と話したことがあるのですが、彼は、この足の感覚すらもう意識してないと言っていました。ボールが身体の一部のようになって、足に吸い付いているようになる。そうすれば、もっと別のところに意識を持っていくことができるようになります。

伊藤　視覚もなく、聴覚もなく、ついには触覚さえ意識されない次元があるということですね。

ドリブルや声のフェイント

落合　僕が思うブラインドサッカーの一番大事なところは、次に何が起こり得るか、なるべく多くのパターンを予測することです。ボールに対する意識がなくなれば、予測により多くの力を注ぐことができます。自分がボールを持っているときも、選択肢としてはドリブルもあるし、パスもあるし、いきなりシュートもできる。相手がドリブルをしたときには、相手がどう来るか多くのパターンを考える。一人目を抜いたときに二人目がどう来るかもそうです。出来事が起こっているさなかで周囲の状況を把握しようとしたのでは遅い。

起こる前にいくつもの可能性を思い描いておくことが大事です。

伊藤　同時に複数の予測を立て、何が起こってもいいように準備しておくということですね。でもそういう予測って、敵も同じように立てているわけですよね。その予測をかわしたり、フェイントをかけたりすることを試合中に求められると思うのですが。

加藤　ドリブルをしているときのフェイントは、まずはスピードの変化ですね。はじめはゆっくり行って、相手が「ボイ」と来たら速く行ったり、速い動きを急に止めて切り返したりします。

曲がるのではなく横にずれる

それからドリブルの左右の幅の変化です。急に幅を広くすれば飛んだような感じになるので、相手はついてこられなくなります。たとえばそれまでは両足を三〇センチの幅で交互にボールタッチしていたとして、相手が来た瞬間に一メートル横に蹴って、次に触るときに身体ごと移動してしまう。場所が横にずれるんです。

伊藤　なるほど。曲がるのではなく、横にずらすという感じになるのが面白いですね。

落合　方向を変えるために、足の間で曲がろうとすると、カーブで時間がかかってしまうんですね。そうすると相手について来られちゃう。なので、相手が来たときには、いきなりシュッて横に一メートルずれることで、そのままかわすんです。

加藤　声のフェイントもあります。声を出して「ここにいるよ」ってアピールして、ディフェンスを迷わせたりしますね。あるいは国内の試合だと、「パス行くよ」って言っといて、ドリブルで抜いたりとか。

伊藤　存在を知らしめることで騙す、というのはブラインドサッカーならではですね。

落合　そうですね。ただ、相手に触られてからは普通のサッカーと一緒で、左に行くと見せかけて、相手が左に重心寄せてきた瞬間に右にターンする、というようなフェイントをします。

伊藤　相手の身体に触ると、重心の位置からどちらに行こうとしているかとかが、触覚的に分かるんですね。相手の身体を触ることが、単にブロックするためだけではなくて、情報を入手する手段にもなるわけですね。

ただ実際のところ、その予測はどの程度機能しますか。いろいろな駆け引きの結果、思ったのとは違う流れになったり、予期が外れたことをカバーしたりしなければいけない場面もありそうです。

落合　僕の場合ですと、たとえば、相手との距離が五メートル開いていたとします。そこから相手が「ボイ」って言ってボールを取りに来るのに、自分のなかでは二秒間かかるだろうと予測して、ドリブルしたり、フェイントをかけます。

ところが、実際には相手が一・五秒で来ちゃえば、フェイントが成功しなくなってしまいます。強いチームは、寄せが速いので、思ったようなプレイができないですね。それに、たとえば一・五秒で来るからフェイントを一・五秒でやろうと思っても、自分のそのフェイントが、頑張っても、一・七秒かかっちゃう場合は、絶対成功しないんです。もう「ボイ」って言われる前にフェイントかけ始めないといけないとか、そういう微調整が試合のなかで常にありますね。

あと、ピッチの環境の影響も受けます。風の強さによって音の聞こえ方が変わるし、芝の長さで、自分のいつもドリブルする力ではボールが引っかかったり、流れたりします。特に雨の場合はすべりやすく、立ち上がりは環境に慣れるまでに微調整が入ると思います。予期そのものが、毎回、毎回、結構、違いますね。

伊藤　トラップするのは難しいですか？　試合を拝見していると、自分でボールを前に進めていくことよりも、ボールがこぼれたときに、その場所を把握して取りにいくということに苦労している選手が多い印象を受けました。

落合　目の見える人からするとトラップすること自体は難しいプレイではありません。でも、ブラインドサッカーではトラップが本当に難しい。一番、難しいのは、パスとか、速い球を止めることですね。転がってるルーズボールであれば、スピードがないので予測がつくし、すぐ追いつける。タッチもしやすい。

だけど、速いボールだと、まずどのラインに来るかということを、一秒かかるかかからないかの速度で判断しないといけない。それから、そこに走っていって、ボールの勢いを殺すように止めないといけない。しかもそこには相手も来るので、相手も一緒に感じないといけない。

加藤　サッカーボールってパッと見は大きいですけど、ほんと足一本分の差ですり抜けてしまうし、つま先に当たっちゃえば、あらぬ方向に弾かれてしまいます。ちょっとしたズレでも、ちゃんとしたトラップはできない。ボールがくる地点の微調整は、速い球ほど難しいですね。

「サッカーをやろう」が合言葉

伊藤　日本代表はディフェンスの練習に力を入れていると伺いましたが、ブラインドサッカーならではの戦術というのはありますか。

加藤　戦術面では、ブラインドサッカーと普通のサッカーでそんな差はないと思います。声の使い方などコミュニケーションでは違いがありますが、どうやって守ったり、攻めたりっていうところで差は意識していません。

落合　強いて言うなら、ブラインドサッカーの場合サイドフェンスがあるので、それを使ったプレイがあり得ます。サイドフェンス沿いにドリブルすれば、相手から奪われにくくなる。

伊藤　なるほど、確かにそうですね。コミュニケーションの方法等に違いはあるとしても、ブラインドサッカーの基本的な方向性としては、いわゆるサッカーとは別物と考えない、という感じなんですね。

落合　そうですね。今の高田敏志監督の体制はもう「サッカーをやろう」という感じです。

だから今は、「パスは壁に当てるな」って言われますから（笑）。なので、イメージとしては、ブラインドサッカーっていうよりは、もう見えない人たちが足でボールを扱ってる、ただそれだけみたいな感覚で受け取ってもらえればと思います。

伊藤 私たちが「これがブラインドサッカーである」と思っているイメージ自体も、今まさに更新されつつあるわけですね。ブラインドサッカー日本代表が「サッカーをやる」ために、具体的にどのような課題に取り組んでいますか。

落合 基本的には、ボールをゴールにどれだけ入れ合うかのスポーツですから、何したっていい。私の場合は、見える人のドリブルにトライしています。足の間でのドリブルはもうそれなりにできるので、前にちょんちょん蹴って自分からボールを離すドリブルをしたり、転がってるボールに対して踏み込んでシュートを打ったり、そういったサッカーのスキルをトレーニングしてます。

加藤 個人のスキルアップはもちろんですが、対人プレイの訓練も必要です。対人プレイを通して、判断力が磨かれます。サッカーでは、一人抜けたとしてもその後にまた敵にぶつかったりして、そのつどスピーディーな判断が求められます。判断力を高めるためには、視野を広く持ち、次にどうなるか予測を立てておくことが必要。ゲーム形式なり、対人プレイの練習をして、予測を立てる訓練をするんです。

落合　例えばドリブルをその場でやっていて、コーチが手叩きを一回したら右に九〇度ターン、手叩きが二回だったら左にターンする、というような訓練をします。結構みんなが苦戦してたのが、足し算とか掛け算とか算数の問題出して、答えが奇数なら右回り、偶数なら左回り、とかね。

伊藤　頭を使いますね。頭と体でちょっと別のことをしていても、両方上手くいくようにする練習が必要なんですね。

落合　さっき話に出たブラジルのリカルド選手のようにボールに意識を向ける必要がなくなれば、自分の意識をほぼ一〇〇パーセント、味方の声や相手の声といった周囲の情報に意識できます。そうすると、かなり判断力が優れてきます。自分もそうですけど、日本のプレイヤーっていうのは、まだ足のボールに対しての何割か意識があって、一〇〇パーセント周りに注意を向けられない。だからやっぱり判断が多少遅れちゃうことがありますね。

伊藤　ドリブル、周囲の環境の把握、予測、判断、同時にいろいろなことをやらなければいけないマルチタスクな状況で、パソコンでいうところのメモリの食い合いみたいな状態になる。そこでドリブルを自動化できる技術の高さが、判断の質を変えるわけですね。

目の見えない子どもたちにサッカーを伝える

落合　結局、どれだけ足の触覚を鍛える訓練をしてきたかです。リカルド選手は小さい頃から目が見えなかったのですが、目が見える子どもたちと一緒にサッカーをして遊んで育ったそうです。彼は音のないボールでもボールを持っちゃえばプレイできるんです。

伊藤　ということは、日本代表チームの長期的な成長という意味では、子どもの段階からサッカーのボールに触れさせていくことが大切ですね。

落合　そうですね。目の見えない子どもたちが小さい頃からボールに触れることができるかどうか。特に十歳から十二歳のゴールデンエイジのときに、どれだけサッカーができるかが、日本が強くなる上で重要だと思います。

ブラインドサッカーは二〇〇二年に日本に来たばかりでまだ歴史が浅いので、やり方が固まっていません。監督やコーチ、スタッフによって、やり方も違いますし、僕らがやっていることも、探り探りです。サッカーをどのくらい取り入れるかというのも、やってみないと分からない部分がたくさんあります。

伊藤　逆に言うと、こうやればこうなるというセオリーがないからこそ、実験がたくさんできる段階ですね。

落合　足のいろんなところを使ったりして、自分の今までやってこなかった感覚を今、構築しています。この年になって、サッカーを一からやってる感じですね。

伊藤　すごいですね。ブラインドサッカーをプレイしながら、ブラインドサッカーそのものを開拓している感じですね。十年後のブラインドサッカーの日本代表は、どんなプレイをしているんでしょうね。ヘディングしているんでしょうか。

ワンバンでボレーシュートする選手も……

落合　ブラジルの選手なんかは、空中にパスを出して、落ちてくるところを予測し、ワンバウンドで上がったところに走りこんでそれをボレーします。もうそこまでできちゃってるんです。

加藤　ブラインドサッカーがこれからどうなっていくかは、僕たちがしっかり結果を残していけるかどうかにかかっていますね。

伊藤　裾野を広げるという意味では、ファンを増やすことも重要ですね。今後パラリンピックに向けて、たとえば報道の仕方などで工夫できそうなところはありますか。

落合　日本ブラインドサッカー協会では、試合を見に来てくれた目の見えない方に無料でラジオを貸し出して、音声で実況中継をするというサービスがあります。素晴らしい実況をしていただいています。さらに欲を言えば、見えることを後追い的に説明するだけではなくて、選手がなぜそのような動きをしたのかについての情報が加わると、より楽しめるんじゃないかと思います。たとえば、「加藤選手が壁際を縦にドリブルしました。そこから中に入って、相手にボールを取られて……」というような説明だけでなく、「相手が内側からくるから、ここは一回縦に行って、相手をコーナーの方まで引き付けておいて、そこからちょっと自陣に戻りながら中に切り込んでいく」といった具合に理由も述べていく。言葉の伝え方一つで、特に目の見えない、サッカーが分からない子どもが、イメージしやすくなるんじゃないかと思います。実際、子どもたちに教えてみると、サッカーのイメージ力を上げさせることがすごく難しいんです。

加藤　それと、実況されるのはボールを持ってる人が中心なんですよね。でもテレビ観戦ではなく実際に試合を見に行くことの醍醐味は、全体が見えることですよね。「一人、空いてる選手がいます」とか、「あの選手は念のため右サイドにフォローに入りました」とか、ボールに関わってない選手のことも言ってくれた方が分かりやすいかなと思います。

伊藤　なるほど。いろいろお話しをうかがって、サッカーにおいていかにイメージする力が重要か分かりました。それは見えない人が普段からやっている得意分野でもありますね。見えていれば全体が与えられていますが、ブラインドの世界では断片的な情報を集めて推理し、全体をイメージすることになります。盲学校の子どもたちなんかをみても、その推理する力が非常に長けているなと感じます。報道においても、目に見える部分だけではなく、頭の中にあるイメージを伝えていくことが、ブラインドサッカーを楽しむうえでも、また普及させるうえでも重要だということですね。

1　**レーベル症**　片眼または両眼の比較的急激な視力低下が起こる視神経症。細胞のなかでエネルギー生産を行う、ミトコンドリアという器官の遺伝子の異常により、網膜の一部の細胞が選択的に障害される病気。男性に多い疾患とされる。

2　**葭原滋男**　一九六二年生まれ。パラリンピックの陸上競技及び自転車競技のメダリスト。陸上競技は走り高跳びで九六年アトランタ大会銅メダル。自転車競技は二〇〇〇年のシドニー大会で一キロメートルタイムトライアルに出場し、世界新記録（当時）をマークして金メダル。これまでに四回のパラリンピックに出場。

3 **岩井和彦** 一九四九年生まれ。日本ライトハウス点字情報技術センター所長、全国視覚障害者情報提供施設協会理事長、堺市立健康福祉プラザ視覚・聴覚障害者センター所長などを歴任。九九年に韓国でブラインドサッカーを紹介されたのを機に、日本でのブラインドサッカーの普及につとめる。二〇一四年死去。

4 **釜本美佐子** 一九四〇年生まれ。大阪外国語大学英語科卒業後、日本交通公社（現JTB）ルック部コンダクター第一期生として海外で活躍。九三年に自身が網膜色素変性症を患う。二〇〇二年、日本視覚障害者サッカー協会（現NPO法人日本ブラインドサッカー協会）を設立し、理事長となる。法人化後は、代表理事。

第三章

競泳

木村敬一選手の場合

本章に登場するアスリート

木村敬一（きむら・けいいち）

1990年滋賀県生まれ。1歳半のとき、増殖性硝子体網膜症を患い、全盲となる。小学4年から水泳を始め、中学3年時には世界ユース選手権大会50メートル自由形で金メダル。2008年北京パラリンピックでは入賞を果たし、12年ロンドンパラリンピックでは銀メダル（100メートル平泳ぎ）、銅メダル（100メートルバタフライ）を獲得。2013年には、東京ガスに入社。2015世界選手権で2冠を達成し、リオパラリンピックに出場する。

【競泳の基礎知識】

・基本ルールは国際水泳連盟ルールに則って競技が行われる。

・パラリンピック競泳の場合、競技の公平性を保つため「障害の種類」と「泳法（泳ぎ方）」でクラス分けが行われる。視覚障害では三つのクラスに分けられる。アルファベットは競技や種目を意味し、数字は一の位が小さいほど、障害の程度が重いことを示す。

自由形・背泳ぎ・バタフライ＝S11、S12、S13

平泳ぎ＝SB11、SB12、SB13　　個人メドレー＝SM11、SM12、SM13

・S11（視力0）クラスの選手は、ゴールタッチやターンの際に、壁にぶつかって怪我をしないよう、壁の手前で目の見えるスタッフが合図棒を使い、体の一部に合図をすること（タッピング）が認められている。

・S11（視力0）クラスの選手のうち義眼を除く選手は、光を完全に遮断したゴーグルを着用することが義務付けられている。

世界レベルでも珍しい見た記憶がない水泳選手

伊藤 亜紗　木村選手の現在の見え方について教えていただけますか。

木村 敬一　全盲で光も見えません。増殖性硝子体網膜症《しょうしたいもうまくしょう》という病気にかかり、一歳半からそのような状態になりました。なので見えていたときの記憶がなく、そういう意味では生まれつきの全盲とほとんど変わらないかなと思います。見るというのがそもそもどういうことか、経験としては知りません。世界レベルで見ても、水泳選手でそういう人はあまりいません。ほとんどは、もともと見えていて、そのとき、水泳をやっていた人なんですよね。

伊藤　人にせよ魚にせよ、そもそも「泳ぐ」という動作を視覚的に見たことがないわけですね。というか、そもそも「水」というものが、木村選手にとっては、純粋に触覚的あるいは聴覚的な存在なんですね。小さい頃はどんな子どもでしたか。

木村　活発な子だったというふうには聞いてますね。すごく落ち着きがない子どもだったそうです。いつも動いていて、いろいろなものによくぶつかっていましたが、ぶつかっても気にしないような子どもでした。今でも歩くのが速いと言われますが、さすがに年齢を重ねて、「怖いな」って思うようにはなりました。

伊藤　子どもの頃に自転車にも乗っていましたか？

木村　自転車には乗ってました。家の庭で練習をしたら、六歳ぐらいのときには、補助輪なしで乗れるようになっていましたね。

伊藤　早いですね、六歳で。

木村　僕には姉がいて、その姉が自転車に乗っていたんです。そのときには、見えない自分と見える人の差というものをよく分かってなかったので、練習したらできるようになるだろうなと思って、乗ってましたね。ボール遊びもすごく好きだったみたいです。

伊藤　水泳を始めたのはいつ頃ですか。

木村　十歳です。落ち着きがない子どもでしょっちゅう怪我をしていたので、母親が「プールなら安全に運動できるんじゃないか」と考え、地元のスイミングスクールに入れてくれたのがきっかけでした。水泳は楽しかったです。泳ぐ感覚そのものの楽しさというより、今までやってなかったことをやっている新鮮さからくる楽しさがありました。多分、別に水泳じゃなくても、生け花とかでも良かったと思います（笑）。

伊藤　生け花をやっていたら、やっぱりそっちの道で、ずっと続けていましたか。
木村　いいえ。さすがに続かないと思います（笑）。
伊藤　本格的に水泳を始めたのはいつ頃ですか？
木村　中学校にあがって、国際大会に出られるようになってからです。中学校三年生のときに初めて勝ちました。同じ中学生のなかに、そこまで泳げる子がいなかったので、人とは別のことを一生懸命できている自分への自信と、ちょっとした優越感がありました（笑）。
（木村選手は二〇〇五年八月に開催された「国際視覚障害者スポーツ協会世界ユース選手権大会」に出場し、五〇メートル自由形で金メダル、一〇〇メートル自由形で銀メダル、一〇〇メートル平泳ぎで銅メダルを獲得した）

試行錯誤して確立したパワータイプの泳ぎ

伊藤　木村選手は北京パラリンピック、ロンドンパラリンピックに出場され、ロンドンでは一〇〇メートル平泳ぎ（SB11クラス）で銀メダル、一〇〇メートルバタフライ（S11クラス）で銅メダルを獲得されました。二〇一五年の世界選手権では二冠を達成し、リオデジャネイロパラリンピックにも出場されます。

世界を舞台に活躍される木村選手ですが、ご自身では、どんなタイプの水泳選手だと分析されていますか。

木村　それほど感覚が繊細なわけでもないですし、器用な方でもなかったので、速く泳ぐために苦しい練習を繰り返して、力の強さで解決する傾向があります。

伊藤　パワータイプの選手ということですね。

木村　速くなるには、推進力を得るか、抵抗を減らすかしかありません。そのうちの抵抗を減らすということ、自分の力を効率よく出すということは苦手だったので、いかに強い推進力を得るかという方を伸ばしました。自分はそこしか伸びなかったと思います。僕の泳ぎ方は、効率は相当悪いと思います。普通の人であれば、一〇〇ある力のうち五〇ぐらい出せばそれなりに進むとは思うんですけど、僕はそこを一〇〇出さないと進まないんじゃないかなっていうのは感じますね。

伊藤　体つきも見るからにパワータイプといったすばらしい体形ですが、かなりウェイトトレーニングもされているんでしょうね。

木村　水泳のトレーニングが午前二時間、午後二時間で、その他に、日によって内容は変わりますが、ウェイトトレーニングをすることもあります。

伊藤　パワータイプの泳ぎをするということと見えないことは関係していますか。

木村　一番効率のいいと言われる泳ぎを見て模倣することができないので、そこは一番大きなハンディになっているかなと思います。また、それ以外にも僕の運動センスの悪さっていうか、感覚の鈍さっていうのがあるんじゃないかなと思いますね。敏感に違いを感じるセンサーの悪さともいうか。多分、あんまり考えてないで泳いでいるんだと思います(笑)。

伊藤　違いを感じるっていうのは、「曲がってるぞ」といったことですか?

木村　曲がっているかどうかもそうですし、進んでる感じとか、水流の受ける感じとか、どの筋肉を動かしてるかとか、そういうことをあまり感じていないんです。見えない分、水流や、手にかかる水の重たさに鋭敏になるのかなと思いきや、僕の場合はそうでもない。たぶん目が見えてる競泳選手でトップクラスの選手は僕よりもっと鋭敏だと思います。

伊藤　目が見えないと全身の皮膚感覚を鋭敏に使いながら泳ぐことが必要なのかと思っていましたが、そういうわけでもないんですね。むしろ逆に、敏感でないということが木村選手の強さと関係があるのだとしたら、それはとても興味深いです。

イメージなしに泳ぐ

伊藤　そもそも木村選手は、泳いでいるときにどういうイメージをもっていますか。もちろん、「イメージ」といっても木村選手が抱いているのは視覚的なものではないでしょうからおかしな言い方になるのですが、周りの環境をどのように理解されていますか。たとえば、泳いでいるときにプールの端までの距離をどのようにイメージしていますか。

木村　泳いでいるときは、あんまり考えてないですね。

伊藤　人が動くためには、その空間に対する何らかのイメージのようなものが必要になる気がするのですが……。

木村　たとえば、「今、自分ひとりで部屋の出口まで歩いていく」とか「JRの駅で、自分ひとりで電車の乗り換えしなきゃいけない」という状況になれば、頭の中で周りの状況を整理しようとします。ここに何があって、そこに誰がいて、というふうに情報を整理します。

伊藤　今だと、撮影カメラのシャッターを切る音がすると思いますが、あの音を聞くと

「あ、あそこにカメラがあるな」って思いますか？

木村　はい。カメラがあるっていうのはわかりますし、撮られているというのもわかります。だけど、カメラから自分がどう見えるのかというような俯瞰したイメージはありませんね。

伊藤　中途失明でカメラを見たことがある方なら、音がするとそれがカメラのビジュアルに変換されると思います。ところが見た記憶を持たない木村選手の場合は、そういう変換が起こらないということですよね。自分のいる位置とカメラまでの距離はイメージしませんか？

木村　今こうやって座っているだけでいい場合は、遠いか近いかぐらいを考える程度です。そんなにイメージしてないですね。

伊藤　なるほど、行動する必要があればアンテナを張って周囲の状況についてのイメージを構成しようとするけど、ただ座っているだけで動く必要がない場合は、わざわざイメージを作ることはしないわけですね。

木村　そうですね。そのうえで、試合中は自分の泳ぎに集中しているので、あまり周りの環境をイメージすることはないですね。泳いでいる自分というのを思い浮かべてはいませんし、「今、プールのこのあたりだ」というようなことを俯瞰的にとらえていません。視点はあくまで自分です。今の自分の位置から考えることが多いですね。

全力で泳いでも知覚的には止まっている……ランニングマシーン？

伊藤　先ほどおっしゃった自分視点の見え方について伺いたいのですが、たとえば息継ぎのときに、水中に頭を沈めていたのが、パッと空中に出ますよね。そういうときに、どういうふうな変化を感じますか。

木村　僕はあまり変化を感じないですね。というより、泳ぎに集中していて、そこに関心が向いていないという感じだと思います。だけど、泳いでいるときに「もう、早く終わんねぇかなぁ」みたいなことは考えています（笑）。

伊藤　イメージがないまま動くというのは怖くはないですか。予測を立てずに行動することになると思うのですが……。

木村　僕の場合、水泳に限らず、イメージがないことが当たり前です。もう年がら年中そうですし、生まれてからずっとそうなので。そもそもイメージという概念そのものを除外された世界だと思っています。生まれつきの全盲の方でも、もっとイメージを働かせる方はいると思うんですが、こうした関心のなさが、僕のセンスの悪さにつながっているのかもしれませんね（笑）。

伊藤　（笑）。面白いですね。身体部位の動きとしては非常に激しい運動をしているにもかかわらず、意識としてはむしろ止まっているわけですね。自分が進むにつれてイメージが変化することもないので、前に進んでいることがイメージとしては知覚されない。それは目の見える人には経験できない状態ですね。目が見えると、自分が動くこと、それに連動して必ず世界の見え方が変化していきます。世界と自分を切り離すことができません。

あえて似た状況を想定するとすれば、ランニングマシーンに乗っているときでしょうか。ランニングマシーンに乗っているとき、人は走っているけれど前に進んでいません。つまり〈走っている〉という身体的な実感と、〈止まっている〉という知覚からくる情報が、共存しているような状態ですね。

木村　そうかもしれません。景色が変わらないことに関しては、自分にとって別に差し支えないという感じです。マラソンコースを走るくらい違いがあれば変わるかもしれないですけど、外の風景が変わらないことには問題ありません。

伊藤　なるほど。そしてこの〈止まったまま動く〉が可能なのは、それがスポーツだからですね。ブラインドサッカーの落合選手と話したときにもこの話題になったのですが、スポーツは、プールやトラックのように人工的に作られたノイズの少ない空間で行われます。もちろん風や観客の声援など、偶発的な要素はありますが、街中や駅のような空間にくらべたら相対的にエントロピー（情報の不確定さの度合い）が小さい。だからこそ、イメージを構成しなくても動けるんですね。普段なら行動するのに必要な状況把握のスイッチを切れるというか。それは純粋に自分の運動一点に集中している、非常に集中度の高い状態ですね。

風景は変わらない

木村　そうですね。仮に、同じコースの中に他の選手がいて、このまま衝突する可能性があるというようなときでも、相手がどこにいるかというのを常に想定してはいないですね。いざ選手と接近した瞬間に「あ、ヤバい」って思うだけです。

水を何回かいたかが手がかり

伊藤　イメージを作っていないから、出来事が唐突に起こるわけですね。ところで目の見えない人の水泳特有の要素としてタッピング（壁を知らせるための合図）がありますね。S11（視力0）クラスの選手は、安全確保や恐怖心を取り除く観点から、コースの両端に目の見える人が立ち、タッピング棒と呼ばれる棒で選手の頭を叩いて壁が近づいていることを知らせますよね。あのタップも唐突に来る感じですか。

木村　そうですね。タッピング棒の先には発泡スチロールの塊がついていて、壁まで二メートルくらいの距離になったとき、タッピング棒で頭を叩いてもらっています。だから叩かれたら瞬発力でパンッとターンする感じですね。ただ、タッピングに関しては「そろそろ来るかな」というのは分かっています。「スタートして今〇〇メートル地点にいるからゴールまであとこれくらい」というような俯瞰的なイメージは持ってないんですが、手をかいた回数は数えています。「ゴールに着くまでだいたい五〇回手をかくとすると、今は二五かきぐらいだから半分ぐらい」っていう感じです。僕の場合は、「二五メートル」ではなく「二五かき」という数え方なんです。

伊藤　なるほど。先ほどの話でいえば、前に進んでるという感覚の代わりに、時間が経ってるという感じがあるんですね。

木村　ああ、そうですね。

伊藤　タッピングは、やはりタイミングが難しいんでしょうか。相性みたいなのはありますか。

木村　相当あると思いますね。僕は叩いたことがないからわかんないですけど（笑）。難しいって言われますね。タイミングも難しいし、レーススピードになると相当速いので、そもそも上手く頭に命中させるのも難しい。

伊藤　試合のときには誰がタッピングするんですか？

木村　元コーチの寺西真人先生が、現在はタッパーとして、国内外の試合に同行してくださっています。

伊藤　チームの仲間でもタッピングに失敗することはありますか。

タッピングは難しい

木村　あります、あります。そうすると壁にぶつかったりとか、逆にうまく届かなかったりとかしてしまいます。ぶつかった直後だとその恐怖を思い出すことがありますけど、時間が経てば忘れちゃうんですよね（笑）。

伊藤　そのおおらかさが木村選手の強さなんでしょうね（笑）。

　ところで先ほどの話で、泳いでいるときはイメージを作っていないので、他の選手がいることにギリギリで気づくとおっしゃっていました。そもそも相手の選手が来たことはどのように感じますか。音で感じるんでしょうか。

木村　音ではなく、波としぶきですね。でも、しぶきは自分が起こしている可能性もあるので、波が一番分かりやすいです。

伊藤　波というのは、具体的には水面の波ですか、それとも水中の波？

木村　水中で波を感じます。なので、潜水をしていても分かります。すれ違う瞬間というよりは、同じコースの中が一番分かりやすいですね。

伊藤　なるほど。じゃあ水中で波を感じると、一瞬、緊張するわけですね。「周りの状況を把握しなきゃモード」になる。

木村　そうですね。

プールの形状によって変わる「かいてる感」

伊藤　木村選手の場合、水が知覚の道具になっているというのが面白いですね。水の動きを通して人の存在を認識するわけですね。
　他に水からどのような情報を得ているのかが気になります。毎日の練習や試合で、いろいろなプールに入る機会があると思いますが、プールによって泳ぎやすいプールと泳ぎにくいプールはありますか。
木村　それはありますね。ただ究極的には慣れなので、行ったことのあるプールなら、そんなに抵抗はないかなと思います。
伊藤　その慣れというのは、プールそのものの問題なのか、もうちょっと周りの、たとえば更衣室の感じとか、シャワーの感じとか、そういうのを含めたものですか。
木村　ああ、含めてですね。でも、一番大きいのは、水の感じですね。
伊藤　プールの水の感じが違うと。それはどんな違いですか。
木村　「かいてる感」ですね。かいてるなという手応えがあるプールとないプールがある

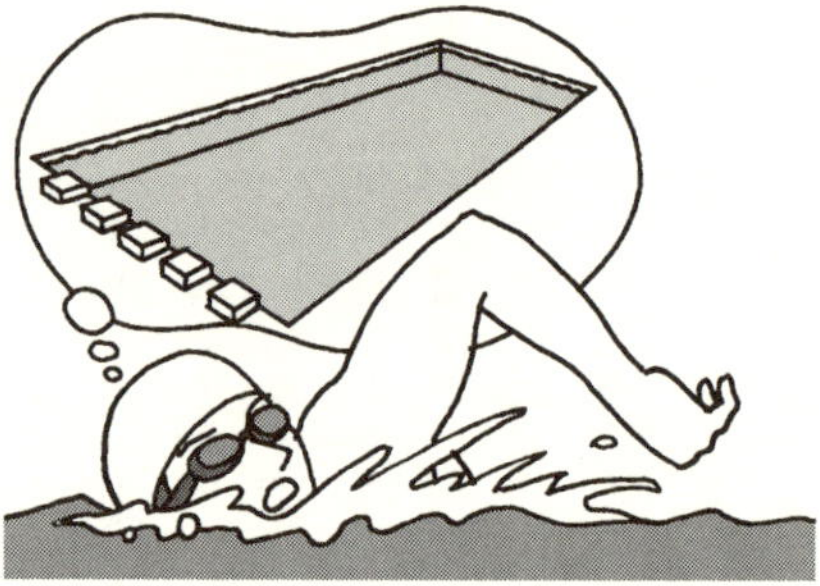

泳ぐとプールの形状がわかる

んです。

伊藤　かいてる感。面白いですね。

木村　指で水を押している感覚です。それが軽いと進む気がしないので、泳ぎにくいなと思いますね。

伊藤　なぜプールによって差がでるんでしょうか。

木村　プールの深さや底の形状のせいだと思います。科学的に言って一番速いタイムが出るとされるプールは、スタートからゴールまで真っ平らなプールです。プールによっては、真ん中だけ深くなってるところがあるじゃないですか。ああいうところは確かに泳ぎにくいですね。

伊藤　水の感触をとおして間接的にプールの形状を感じるんですね。面白いですね。

木村　ただ、プールの好みは人それぞれです。そこに関しては選手によって好みが結構、分かれています。僕はあのプール嫌だけど、あの人はいいとかっていうのもあるので。

伊藤　なるほど。海に行かれることもありますか？　または屋外プールを使用されることもありますか？

木村　屋外プールもあります。海もあります。

伊藤　その辺の違いはどうでしょうか？

木村　屋外プールに関して言うと、天井がないっていうのは分かります。空間の抜ける感じっていうのがあって、屋外プールは解放感がありますね。海の場合は、「泳ぐとこじゃない」と思いながら行ってるので、もう全く違う世界です（笑）。

ロープに体を当てながらまっすぐ泳ぐ

伊藤　先日練習を見学させていただいた際、泳いでいるところを正面から見ていたら、左右に体が揺れていて、木村選手ほどのレベルでも視覚がないとまっすぐ泳ぐのは難しいんだなということを実感しました。

このことについては、コーチの野口智博さんがあるインタビュー記事で、語っていますね。最初に木村選手の泳ぎを見たとき、野口コーチは「コースロープにぶつからずにまっすぐ無駄なく泳げれば、もっと記録は伸ばせるのに」と思った。ところが実際に全盲選手が着用する真っ黒く塗りつぶされたブラインドゴーグルを晴眼者の選手がつけて泳いでみると、視覚を使わずにまっすぐ泳ぐのは非常に難しいことが分かった、と。

木村　そうなんです。まっすぐ泳ぐことは難しいんです。

伊藤　野口コーチは「そもそも人は目が見えていても視覚を遮断されるとまっすぐ泳げないのではないか」と考えるようになった。そこで、コースロープやプール底のラインなど、目印になるものがない状態で晴眼者の学生たちの泳ぎをチェックしたそうですね。すると、まっすぐ泳げなかった。そこでパワーをつけて解決する方向に木村選手の指導方針を変えた、というお話でした。つまり「まっすぐ泳ぐ」というのは、無意識にやっているように思えるけど、実は視覚から入ってくる情報をもとにした微妙な運動の制御の産物なんですね。

木村　効率よく泳ぐことは、あきらめています。とはいえ、なるべくまっすぐ泳ぎたいので、目の見えない選手は、ロープに沿って、ロープに指をかすらせながら泳いでいます。ただし、激しくぶつかってしまうと減速するので、最低限、頼るという感じです。激突して怪我をすることもあります。怪我が少ないと言われて始めたはずの水泳ですが、怪我、多いやないかって（笑）。

伊藤　（笑）。スピードが上がるほど怪我も増えますよね。ロープはかくたびに触るという

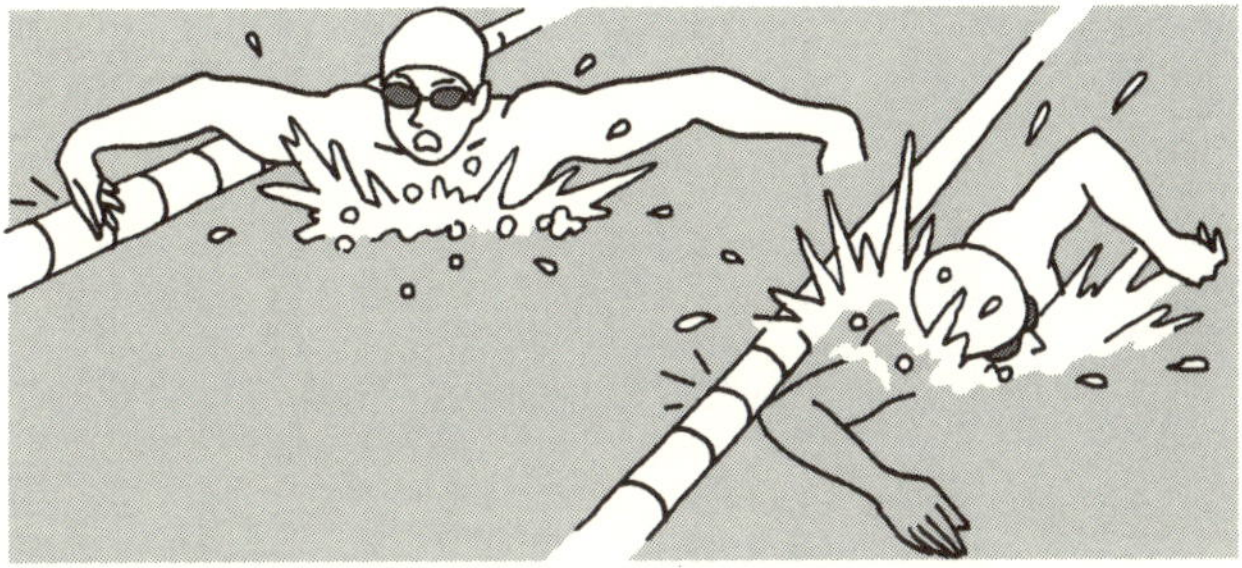

ロープに手や肘を当てて確認

感じでしょうか。

木村　毎回でもないですね。気が向いたら、不安になったらという感じですね。

伊藤　先日の練習を見せていただいたときは、どこで手をロープに当てているのか、ほとんど分かりませんでした。強く当たると当たったことは分かりますが、具体的に手のどの部分を当てているんですか。

木村　場合によるんですけど、中指の第二関節か肘の部分ですね。

伊藤　ああ、肘の部分には確かに怪我の痕《あと》がありますね。それは泳ぐ種目によって当てる場所を変えているんでしょうか？

木村　そうですね。自由形の場合、中指の第二関節が多いです。ストロークのときにこするように当てています。あるいは肘を当てることもあります。平泳ぎの場合は、肘が開いたときにそこを当てます。あるいはプルといって、水をかいている動作のときに、指でコースロープをこすってぐっとパーツを回すような感じにします。

伊藤　背泳ぎだとどうでしょう。

木村　背泳ぎは、肘を当てています。バタフライは、リカバリーで大きく両手を広げたときに中指を当てます。

伊藤　体が一番広がる位置で触るという感じですね。

木村　そうですね。ただこれは癖みたいなもので、どこの部位を当てるかは選手によって違います。

伊藤　やはり、他の選手もロープというのを一つの情報源にしているんですね。

木村　していると思います。

視覚なしでは調節しにくい「ひねる動き」

伊藤　水泳のさまざまな種目にチャレンジされていますが、泳いでいて一番やりやすい泳ぎは何ですか？

木村　一番やりやすい、動きやすいのはバタフライですね。バタフライは、動きが単純なのでやりやすいです。手と足のタイミングさえ分かれば進める。たくさん泳いで苦しくなってくると、自然と一番いいタイミングでしか体が動かなくなっていきます。逆にそれじゃないと、もう溺《おぼ》れちゃうので、それで習得できちゃったっていうのはあると思うんです。事細かに考えなくていいのでバタフライは好きです。

伊藤　木村選手の場合は、技術を修得するにも目で見て真似ることができないので、最初から自分で模索してコツを獲得しなければならないわけですね。

木村　他の人のフォームを見たことがないので、それが正しいかどうかわかんないんです。だけど、僕は今の泳ぎ方でそれなりに泳げてきたので、「いいのかな」と思います。平泳ぎも同じように、前後の移動だけしかないので、やりやすいです。

逆に背泳ぎやクロールのように、手で交互にかく動きがあると、前後の動きに加えて軸を保った状態でひねる動きが入ります。これが難しいです。まっすぐ正面を目で見て合わせられない分、どんどん軸がぶれていくんですよね。バタフライなら強く押せば押すだけ、真後ろに水をかくのでどんどん前に行ける。だけどクロールだと、強く押しても、軸がぶれていると斜めに入ってしまうのでどんどん遅くなるんです。

ひねりのある泳ぎは軸がぶれやすい

伊藤　左右非対称の泳ぎは、ひねってずれた分を修正しないといけないわけですよね。

木村　そうですね。修正するというよりは、かく方向や入れ具合を調節しないといけない。目が見えている方は自然にできるのかもしれないですが、自分の場合は軸がぶれやすいので、頑張れば頑張っただけ斜めに入って裏切られる感じがあります。裏切りに対する自分の怒りも入って、どんどん嫌いになっていくって感じですよ（笑）。

伊藤　左右対称の泳ぎならパワーでズレをカバーできるけど、ひねりのある種目ではパワーがズレを助長してしまうこともあるわけですね。

「見よう見まね」のない学び

伊藤　ところで先ほど、疲れてギリギリのところになるといいタイミングが自然につかめるようになるというお話があり、とても面白いなと思いました。確かに体を使う技術を身につけるやり方は、見える人と見えない人ではまったく違いますね。

見える人は手本を目で見て、それを真似るというのが基本的なやり方です。要するに「見よう見まね」ですね。「見よう見まね」は手っ取り早いですが、形にとらわれやすいという弱点もあります。それに対して、目が見えない人の場合は、自分でゼロからフォームを探り当てるような形になりますよね。疲れてすぎて体がもはや勝手に動くような状態にあえて追い込んだり、さまざまな動かし方を自分でいろいろ試したりしながら、「あ、こうすると進みやすいな」というポイントを見つけるというか。

木村　たとえば平泳ぎなどは、習い始めのときに、自分で考える前に、両手と両足を持ってもらって、平泳ぎの形に動かしてもらっていました。枠としてはめてもらう感じですね。そこから入ったと思います。

伊藤　言葉はどうですか。

木村　そもそも、口で言える範囲も結構、限られていると思います。たとえば「バタフライはイルカをイメージして泳げ」と言われても、イルカを見たことがないわけですから伝わりません。具体的な体の動きについても「顔が前を向きすぎている」くらい明確なものなら伝わるけど、微妙なことは言葉にするのが難しい。言葉で指摘されて「あ、これだ」って思うことは、そんなに多くないですね。

伊藤　選手としてのレベルが高くなればなるほど、言葉で教えられる範囲が少なくなるわけですね。

木村　そこから先は自分で探り当てる感じになります。見えていれば他の人の泳ぎから学べるのかもしれないけれど、見えないと自分で探さなければならない。このやり方だからこそのやりやすさはありません（笑）。大変さしかないです。

だけど、そういうものと思って生きてきました。目の見えない人といっても、もともと見えない方と中途失明の方がいます。僕のようにもともと見えないというのは、失ったわけじゃないんです。生まれたときからその状態なので。

人間が悲しむときって、何かを失うときだと思うんです。僕の場合は、そういう失った経験ではないので、「視力があったらいいのになぁ」とは思いますけど、そういうものだと思って生きてきましたね。「宝くじが当たったらいいなぁ」とは思うけど、当たらなくても別に生きていけるような感じ。僕はそういうふうに思います。

伊藤　失ったわけではないから、欠けているという感覚がないということですね。

リオで勝つためのメンタルと食事

伊藤　練習以外の部分ではどうですか。メンタル面のコントロールや食事管理は苦労されていますか。

木村　メンタル面のコントロールは課題ですね。ロンドンパラリンピックではメダルが十分に狙える位置にいたはずの自由形種目で結果を出せませんでした。緊張でいつもより身体が固くなってしまった。大会の序盤で失敗したおかげで、残りの種目では適度に緊張がほぐれ、結果的にメダルも獲ることができましたが。

でもまあ、練習以外の時間はぼーっとしたり、映画を見たり、小説を読んだりしています。先日も「ちはやふる」という映画も見てきました。非常にストーリーがよくて泣いてしまいました。小説だと、最近では池井戸潤さんが面白かったです。半沢直樹のシリーズ読んでから、企業小説にしばらくハマっていました。「会社の中で働くって大変なんだなぁ」と（笑）。

伊藤　（笑）。食事管理はどうですか。

木村　食事管理についてはけっこう苦戦しています。もともと食が細いので、たくさん食べられない。でも、ハードワークをこなしていくためには、一日に五〇〇〇キロカロリーくらい食べないといけない。一回にたくさん食べられないので、五回ぐらいに分けながら食べています。栄養士の先生にも入っていただきながら、特に練習前後の補給について指導をいただきながらやってます。

伊藤　体を動かしているとはいえ、一日に五回は大変ですね。ちなみに好きな食べ物は何ですか？

木村　好きな食べ物はお好み焼きです。実は、お好み焼きってあまり栄養がないっていうことを最近知りました（笑）。

伊藤　粉モノが好きなんですか？

木村　粉モノは好きですね。たこ焼きも好きだし、うどんも好きなので（笑）。

伊藤　飲み物はどうでしょう。練習風景を見たらいつもプールサイドにポカリスエットを常備していらっしゃいましたね。

木村　九〇〇ミリリットルのポカリスエットは常に携帯しています。いろんな事情があるんですが、一番はあのペットボトルが持ちやすいんですよね。練習中、だいたいそれぐらいの量を飲むんですが、他のメーカーのものは断面が四角くて、幅もあり、僕には持ちにくいんです。

伊藤　なるほど、滑りそうな感じもするけど、ポカリスエットの丸い形が持ちやすいんですね。普段、いろんなモノの持ちやすさは気になりますか？

木村　持ちやすさは、はい、気になりますね。

伊藤　靴のこだわりもありますか？

木村　靴もそうですね。こだわりっていうほどのことか分からないですけど、履きやすい、履きにくいはあります。多分みんなあるとは思うんですけど。

伊藤　今日は革靴を履いていらっしゃいますが、接触面が少なくて床の情報が伝わりにくいですよね。歩きにくくないですか？

木村　そうですね。多少、歩きにくいですね。でも、そういうものだと思って生きているので、「まあ、いっかな」とは思ってますけど（笑）。

伊藤　おおらかですね。

木村　いい加減なんで（笑）。

伊藤　何でも来いですよね（笑）。

第四章

陸上競技

高田千明選手の場合

本章に登場するアスリート

高田千明（たかだ・ちあき）

1984年東京都生まれ。先天性の黄斑変性症で、18歳の頃から全盲となる。21歳の頃から、本格的な陸上競技の練習を開始。2011年に開催された世界大会で、200m銀メダル、100m銅メダルを獲得し、全盲日本人女子短距離初のメダリストとなる。13年から走り幅跳びに転向し、その年のIPC陸上競技世界選手権で走り幅跳び6位入賞。14年10月にはアジアパラ競技大会走り幅跳び銀メダル。一児の母として育児に奮闘する傍ら、リオパラリンピックの日本代表に選出された。ほけんの窓口グループ株式会社所属。

【陸上競技の基礎知識】

・基本ルールは国際陸上競技連盟と国際パラリンピック委員会陸上競技部門の規則に則り、一般的なルールと大きな違いはない。

・競技の公平性を保つため、障害の種類や程度によってクラス分けが行われる。視覚障害では三つのクラスに分けられる。アルファベットは競技や種目を意味し、数字は一の位が小さいほど、障害の程度が重いことを示す。

競走種目・跳躍種目＝T11、T12、T13、T14　投てき種目＝F11、F12、F13、F14

・クラス11（視力0）の選手は、競走種目において「ガイドランナー」と呼ばれる伴走者と共に走る。ガイドは選手がまっすぐ走ったりカーブをスムーズに曲がれるよう、声によるサポートを行う。また、ガイドランナーが選手より先にゴールした場合は失格となる。

・クラス11（視力0）の選手は、跳躍・投てき種目において、踏み切りの位置や投げる方向を声や手拍子を使って教える「コーラー」がつく。

目が見えなくなったことには気づかなかった

伊藤 亜紗 現在の見え方はどのような感じでしょうか。

髙田 千明 光や影がわかる程度です。

伊藤 いつ頃からそのような見え方ですか？

髙田 先天性の黄斑《おうはん》変性症だったので、生まれつき視覚に障害はありました。だけど徐々に視力が落ちていって、十八歳、高校三年生ぐらいのときには、もう文字を見ることがかなり厳しくなっていました。盲学校の先生からも早い時期に点字を覚え始めた方がいいと勧められて、点字に切り替えました。もともと盲学校というのは、視覚情報で何かを伝えるというよりも、言葉や触ることで授業が進んでいくので、あんまり目を使う必要性がなかったんですね。そこにさらに文字を見ることをやめたので、見えなくなったことに自分で気づかなかったんです。二十歳前後に、ふと「あ、見えてないなぁ」って（笑）。

伊藤 見えなくなったことに気づかなかったという話は、私もリサーチをする中で何人もの方から伺いました。最初にその話を聞いたとき、ずいぶん意外な感じがしました。「見える」と「見えない」の間には、明確な断絶があると思っていたので……。もちろん事故などで急に失明する場合はその断絶を自覚することになりますが、病気の場合にはそうではない場合が多いようですね。

なぜそうなるのかといえば、おっしゃるとおり、視力を失うからといって世界が認識できなくなるわけではないからですね。よく、失明することを「火が消えるように」なんて表現しますが、あれは見える人の感覚であって、本当は「火が消えたって見えている」のが失明です。世界を認識するときに、視覚中心で認識していたのが視覚以外の感覚中心に徐々に重心が移動するだけなんですよね。

髙田選手の場合は、高校生まではそれでも目を使っていたということで、「見た」という経験がはっきりあるわけですね。

髙田　そうですね。ただ、普通の方のような見え方ではありませんでした。完全に見えなくなるまでは、中心視野がなくて、その周りが少し見えて、またその周りが見えないといった形だったんです。しかも私の場合は完全な黄斑変性ではなく、周りの見えているはずの部分も、星屑《ほしくず》を散らばせるような形で見えたり見えなかったり、バラバラになっている状態でした。たとえば、絵が見えるかと言われると、目をキョロキョロ動かせば全体像が何となく見えるけど、綺麗にその全体を見ることはできていなかったと思います。それでも、見えたことはあるので色や形のイメージはあります。

伊藤　陸上は盲学校で始めたんですか。

髙田　いいえ、やっていません。今のように本格的に陸上でパラリンピックを目指して頑張ろうと思ったのは社会人になってからです。小学校の頃から、走るのは好きでした。地元の一般の学校に通っていたので、球技のように目を使わなければいけないスポーツへの参加が難しかった。その反面、五〇メートル走ならグラウンドの端まで走って、先生が持っているロープを切った時点でゴールだということもわかる。だから好きだったんです。ところが、中学から盲学校に入ったら、ゴールボールやバレーボールのように視覚障害者用にちゃんとルールが決められているスポーツをやるようになりました。すると、小学校の頃できなかった球技がすごく楽しくて、走ったりするのはあんまりしなくなってしまいました。盲学校も、当時は運動といえば「体を動かそう」「外に出よう」「みんなで何かやろう」程度のものでした。なので、なかなかきっちり陸上をやろうという雰囲気ではなかったんです。

ただ、障害者の国体には何度か出場していました。今は伴走をつけていますが、二十歳の頃までは一人で走っていたんです。ところが、一〇〇メートルをまっすぐ走るのがとても難しい。トラックにはたくさんの線が引いてあります。スタートから一〇〇メートルぐらいまではまっすぐの線が続いているのですが、そこからカーブの線が入ってきて、コース上でクロスするんですよね。そうすると、視野がはっきりとしてないために、どれが自分のレーンかわからなくなって、隣のレーンに行っちゃったりすることもありました。だから、自分より見えてる選手を横目で追いながら、ゴール手前で抜く、という手法をとっていました。

伊藤　確かにトラックの上にはたくさんの線がありますから、自分にとって今必要な線だけを抽出して見なければならない。走りながらですから、それはなかなか難しい作業ですね。とはいえ、その課題をクリアするための走り方がすごいですね。他の選手の走りをいわば定規のように使って、そしてゴール直前で抜く。当時からよっぽど速かったんですね。

高田　でも、次第に横目で見て確認するというのも厳しく

交差するたくさんの線

なってしまいました。そして、社会人になった頃に学校の先生に相談したところ「伴走つけてやってみたらいいじゃない？」って言われたんです。それで初めて伴走をつけてもらいました。それと同時に、本格的に陸上の練習をするようになりました。それまでは、一人で競技場に行くことができないし、練習していても人をよけることができないので、ほとんど練習らしい練習をしていなかったんです。ところが同じ東京都代表にパラリンピックを目指している選手がいて、その方が「練習しないでそのタイムで走れるなら、海外を目指してやってみればいいのに」って言ってくれたんです。伴走がいれば、練習もできる。クラブチームで練習するうち、世界を舞台に戦いたいと思うようになりました。それが二十一歳の終わり頃です。

伊藤　なるほど。本格的に陸上の選手になるということと、伴走をつけて走るということが、同時に始まったんですね。

短距離――選手と伴走者の距離はたったの一〇センチ

伊藤　髙田選手は一〇〇メートル走をはじめとした短距離と走り幅跳びの両方を専門にさ

れていますが、まずは短距離のお話から聞かせてください。伴走者は「ガイド」とも呼ばれますね。ガイドといってもただ隣に並んで走るわけではない。紐を使って、選手の手とガイドの手を結びつけて走るんですよね。

高田　そうですね。指に紐を絡めて結びつけます。私の場合は、中指に紐を引っかけて、それを手にぐるぐると巻いて、そして指にまた引っかけて、ガイドの方に持ってもらっています。スタート位置につくときに手を開いて地面につけなくてはいけない。だから私たち選手も伴走の方も指で巻いてから、手に巻いています。

手と手を結びつけて走る

伊藤　紐に関して何かルールはあるんですか。自分の使いやすい紐を使用してもよいのでしょうか。

高田　原則はそうです。ただ、ルールも常に変わっていて、今は伸縮性のないものとなっています。紐の長さは、一メートル以内です。これを選手とガイドが両端から手に巻きつけていく。人によっていろいろですが、私の場合は、紐としてつながっているあそびの部分の長さは一〇センチくらいになります。ちなみに、手をつないで走るのは助力になるので反則です。

伊藤　紐に関するルールは、常に変わっているんですね。

高田　ロンドンパラリンピックのときは、伸縮性の紐が禁止され、かつガイドと選手の距離が五〇センチ以内というルールでした。ロンドン以降そのルールが改正されて、フィニッシュ直前の一〇メートルは選手とガイドの距離が離れてもOKというルールになりました。海外の選手の中には、犬のリードみたいなものを持っていて、ラストは選手だけ先に行くということをやっている人もいました。だけど、数カ月前にさらに改正されて、今は伸縮性のあるものはダメ、ガイドとの距離が常に一メートル以内でなければいけないというルールに変更されました。

伊藤　協会がそこまで神経質になるということは、選手とガイドを結ぶ紐が勝敗を決める大きな要因になるということですよね。

高田　そうだと思いますね。結局は、「どこからが助力になるか」の線引きです。ガイドが、選手をずっと引っ張り続けてゴールに持っていくことも究極的には不可能ではありません。ただし、実際やったとしても、選手の足が回らない。だから、ガイドがそれをやっても助力には当たらないとする考え方と、引っ張られているのだから助力であるという考え方があるようです。その線引きは難しいですね。

伊藤　一〇センチの距離で他者と一緒に走る。とてもうまくいくように思えません。この一〇センチという髙田選手とガイドの距離は、近い方ですよね？

髙田　そうですね。近いと思います。あくまで私のやり方ですが、ガイドが近くにいるとグラグラせず安定します。コースを走っていて、右へ行ったり、左へ行ったりすると、ガイドが「こっち」というふうにグッと示してくれるんです。ただ、最終的なゴールでは、ガイドは後ろに下がります。ガイドが先にゴールを切ると失格になるので、ラスト五メートルのところで、「ラスト五」って言ってもらい、その瞬間に、ガイドが選手をグッと前に押して、本人は後ろに下がります。

伊藤　なるほど。ゴール前でガイドの手の動きが変わるんですね。

髙田　そうです。グッと前にちょっとだけ手を出します。ただ、ゴールしたら、今度はガイドが前に出て、選手の走りを止めます。なので、ガイドの技量はかなり重要な要素ですね。それが、短距離の伴走者が増えない理由でもあると思います。ただ速く走れればいいという問題ではない。ガイドが増えないと、ガイドが義務づけられている最も見えないクラスの選手も増えません。

伊藤　スタートの場面でも、ガイドの技量が物を言いそうですね。

髙田　スタートのときは、ガイドが横目で選手を見ながら走り出します。基本的に、選手よりも〇・五秒から一秒ぐらいタイムが速い人にガイドをお願いするので、ガイドが選手に合わせるんです。ただ、そうすると体格差の問題が生じる。私もそうですが、女性の選手の場合でも男性にガイドをお願いしているケースが多いんです。私の現在のガイドである大森盛一[※1]さんは、身長が一八〇センチぐらい、私が一六〇センチぐらいしかないので、身長差が二〇センチぐらいある。手も足も伴走の方が長いんです。この体格差のある者同士が、歩幅を合わせて走らなければならないんです。なので、スタートのときは、最初の一歩をスタートラインから同じ距離のところにつけるように、ブロックの位置を調節します。ガイドが速すぎてもダメだし、遅すぎても私のスピードを落とすことになってしまう。それがないようにタイミングを合わせながらスタートしています。

伊藤　用意ドンでスタートして、まずは最初の一歩を合わせるような調節が必要なんですね。

髙田　はい。その先の歩幅は選手本人が決め、ガイドがそれに合わせます。基本的には、ガイドはいないぐらいのイメージで走れることが一番いいと言われています。引っ張っても引っ張らなくても同じ、いてもいなくても同じ、感覚的に違わないというのが理想ですが、やはり、それはなかなか難しいですね。

伊藤　大森さんとのコンビは長いんですか。

髙田　もう長いです。大森さんは、バルセロナオリンピック、アトランタオリンピック代表で四×四〇〇メートルリレーのアジア記録保持者です。なので、伴走としてだけでなく、私のコーチでもあります。

伊藤　練習風景を拝見していて、お二人の関係が面白いなと思っていました。髙田選手はよくお話しされているんですが、大森さんは寡黙な方で……。

髙田　そうなんですよ（笑）。「もうちょっと愛想よくできないの」と、前から言ってるんですけど、私の独り言みたいになってるんです。大森さんが相槌もしてくれなくて（笑）。「ねぇ、ねぇねぇ、聞いてる？　聞いてる？」って言うと、「この距離にいるんだから、聞こえるに決まってんだろ」って言われるんですが、「私は見えてないんだから、聞いてるか、聞いてないか、わかんないじゃんか！」って。最近は、一緒に練習しているクラブチームの子どもたちも視覚障害者に対するいじり方がわかってきたのか、わざと「そっちそっち」と指差したりしますね（笑）。

伊藤　漫才みたいな関係ですね（笑）。伴走というと「障害のある人の活動を健常者がサポートする」というイメージがありますが、実際に練習を拝見してそのイメージが完全に覆されました。何しろ障害のある方がいじられキャラになっているわけですから（笑）。そんな自然な関係は、髙田選手の明るいパーソナリティのなせる業でしょうし、ベースにはチームのメンバー同士の厚い信頼関係があるんでしょうね。

コーナーでは伴走者が壁に

伊藤　先ほど、まっすぐ走るのは難しいというお話がありました。日常生活の中で厳密にまっすぐ進まなければいけない場面は多くはないですが、スポーツのタイムを競う種目は、「直線との戦い」みたいな状態になりますね。

髙田　そうですね。レーンに対して身体の位置をまっすぐにするというのは大きな問題です。たとえばスタートのとき、いったんは紐をスタートラインに置いてもらって場所を確認するものの、実際に「位置についてい」となるときには、もうその紐が指に巻かれているので、何も印がない状態なんです。すると、ガイドとつながっている左手はちゃんとスタートラインのところに置けているけど、右手の方がラインに対して少し下がったり上がったりしていることがあります。

伊藤　スタートの時点での位置の調整が重要なんですね。

髙田　そうです。ずれているとガイドが指摘してくれるのですが、手の位置がずれているということは、身体の向きがずれているということになり、そのままスタートすれば斜めに走り出すことになってしまいます。だから、手を支点にして身体を少し動かします。常にこうして微調整しないと、まっすぐには走れません。一〇〇メートルの場合はまだガイドが付いているので、大きく曲がってしまう心配はなくゴールまで行けるんですけど、走り幅跳びの場合は、伴走なしで一人で助走して跳ぶので、そのちょっとしたずれで曲がってアウトになることもあります。その微調整がなかなか難しいです。

伊藤　陸上のレーンは、かなり狭いなという印象ですか。

髙田　そうですね。ただ、トラックで走る場合は、伴走分も含めて二レーンもらって走るんです。選手とガイドが一レーンずつに分かれて走らなければいけないということではなく、二レーンを一レーンと見なして走っていい。ガイドがコースのギリギリを走り、選手が二レーンを広く使ってもいいんです。

伊藤　それは知りませんでした。二レーンをうまく使っていいということは、ガイドのいるレーンも、競技のフィールドの一部だということですね。ブラインドサッカーのコーラーや監督が、フィールドの外から「目」の役割をこなすのとは対照的です。

二〇〇メートル、四〇〇メートルなどカーブがある種目のときには、どのような戦略がありえますか。

髙田　カーブを走るときには、実はガイドがカーブの外側から「こっちに来るな」という感じで身体で押さえたりしますます（笑）。今、私は一〇〇メートルに主に出場するので

ガイドが押さえる

ガイドは左についてるんですが、少し前までは、二〇〇メートルも走っていたので、その際にはガイドが右を走っていたんです。それはコーナーが左回りになっているからです。

伊藤　なるほど！　つまりガイドが導き手になるのではなく、壁になるわけですね。来るべき方向に選手を導くのではなく、来るべきでない場所をつぶすと。しかも二レーン分使うわけですから、ひとつ隣のコースになっただけで曲率が大きく変わりますね。

高田　そうです。コーナーが全然違うので、その感覚を入れるために全部のコースで練習していました。試合で「○レーンだよ」と言われたら、きついのか、ゆったりなのかイメージします。慣れないうちはカーブの曲がり具合を捉えられなくて、ガイドをバーンって突き飛ばしてしまったこともあります。「俺、吹っ飛んだけど」「ビックリだよ、私も」って（笑）。

伊藤　勢い余って壁を壊してしまうわけですね（笑）。カーブの入り始めも難しそうです。

高田　難しいですね。入り始めと、あとは直線に戻るところ。体の傾きを戻さなくてはなりません。どの辺りで声をかけてもらって身体の傾きを戻していくか、何回も合わせないといけません。遅すぎても早すぎても、ガイドとぶつかってしまいます。

レーンごとの曲がり具合の「感覚」を入れる

伊藤　レース時には、自分がこれから走るコースはビジュアルでイメージしてますか？

高田　そうですね……、今はあまり意識しなくても走れます。隣に伴走がいて、絶対に大丈夫だっていう安心感が身体にもう入っちゃっているので。それよりも、足をどこにつくとか、腕をどう振るかとか、そういった走るときのイメージの方が頭に入っています。

伊藤　これから走る空間をイメージとして「見る」のではなく、ご自分の走りそのものをイメージされているわけですね。それに関連して、先ほど、レーンごとのコーナーの曲がり具合を身体で覚えることを、「感覚を入れる」とおっしゃっていたのが面白いと思いました。「感覚を入れる」というのは具体的にどのようなことなんでしょうか。身体の中に、たとえば身体の傾きやスピードを覚えさせていく感じですか。

髙田　そうですね。一個ずつ入れていきます。

伊藤　それは、「まずこうして、次はこうなって、最後にこうする」というような時間的な経過のことですか。それとも、もうちょっと抽象的な「コツ」のようなものですか。

髙田　コツをつかむっていう方が近いと思います。一般の方だと、一流選手の映像を見たり、自分の練習の映像を録画してもらって見ることで、視覚情報としてインプットして、頭で修正しつつ、身体を動かすのだと思います。だけど、私たちの場合、視覚情報としてインプットして修正することができないので、一回一回、伴走に「こうなってる」ということを指摘してもらうしかないんです。これを毎回やるのは本当に大変です。

伊藤　視覚情報がないと外から模倣によって学ぶことができないので、理想的な走りを自分で感覚として探らなければならないわけですね。ただ、日によって天候や体調が違いますから、どうしても走りにばらつきが出ますよね。感覚として体得したベストの走りに対して、現時点での自分の走りが、どの程度合っているか、ずれているかを感じることはできるのですか？

髙田　実はガイドの走りはそんなに変わらないんです。もともと自分よりも速いタイムで走ることができる人ですから。なので、ガイドとの距離や腕の振りがどれだけ合わないかで、自分の体調がどうなのかを計ることも結構ありますね。

伊藤　なるほど。伴走者が自分の走りを計る基準になっているんですね。

髙田　ガイドの呼吸を基準に考えていることもありますし、周りの選手の音を聞くこともあります。大きな大会になると、好タイムを出す選手ばかりなので、たとえば、隣に一三秒台の選手が走っているとなったら、その選手の音が遠くならないように、もっと近くに、近くにと思うことはありますね。

伊藤　その他の、もうちょっと遠い音、例えば周りの観客の声は聞こえますか。

髙田　観客の声は、ほとんど耳に入りません。一〇〇メートル走の場合だと、ゴール付近でちょっとだけ聞こえたりすることもありますけど、基本的には「自分の走り」のことでいっぱいいっぱいです。あとは、大森さんの「ラスト」とか「ゴール」という合図は、常に意識して聞いています。時々「腕！」とか「足！」とか指摘する声も入ってきます。

伊藤　走ってる最中に伴走者からコーチ目線の指摘が入るんですね。お話を伺っていると、ガイドと一緒に走ることとは「一体感」という感覚とはちょっと違うのかなという印象を受けます。人と人が身体を結びつけて走るという意味では二人三脚と似ていますが、髙田選手と大森さんの関係は、二人三脚のような一体感ではなさそうですね。

髙田　そうですね。基本的には一体になるのですが、ガイドの場合はそこに目の代わりという役割が加わってきます。腕振り、足の歩幅、スピードをすべて合わせて、「まっすぐがこっちだよ」っていうのを教えるためにいる存在なんです。

走り幅跳び——一人で助走する難しさ

伊藤　ここからは走り幅跳びについて教えてください。まず助走はどのように行っていますか。目の見える人の幅跳びとはどこが違うのですか。

髙田　走り幅跳びは、一番見えてないT11クラスと、その一つ上のT12クラスには踏切板がなく、一メートル程度の白い枠が砂場から一メートルないし二メートル手前に準備されているんです。そして、その白い枠内で踏み切った場合、その踏み切った足から実測で距離を測っています。それから、普通の走り幅跳びとの違いとしては、コーラーがいるかいないかという点があります。コーラーは指定の白枠の手前にいます。

伊藤　コーラーの役割は何ですか。

髙田　選手を助走のスタート地点につけ、声や音で踏み切る位置を知らせることです。トラックでは二レーンもらえますが、走り幅跳びの助走は、一人で走るので一ピットだけしかありません。助走のスタート位置をピットの真ん中にするか、端にするかは、人それぞれの感覚によります。私の場合は、走るうちに右に逸《そ》れていく傾向があるので、助走のスタート位置は真ん中よりも少し左につけてもらいます。そこはコーラーの腕の部分も大きい。助走時にはコーラーさんに声を出してもらい、その声に沿って走ります。

幅跳びでは踏切までの歩数も各選手が決めていて、私は一五歩で踏み切って跳んでいます。ただ、追い風なのか向かい風なのか、寒いのか暑いのかで、どうしても助走の距離が変わってくる。一五歩の助走でも、三〇センチ程度の違いが出ることもあるんです。そうすると、いつもはぴったりの踏み切りが、届かなかったり、出てしまってアウトになったりしてしまう。そこの微調整をコーラーさんと協力しながらやっていきます。私の場合はコーラーも大森さんにお願いしています。コーラーは、助走を始めてからも声で微調整をかけます。主な声かけは、「こっちに来るんだよ」と、右左に逸れたときの「ダメ！」の二パターンですね。

伊藤　天候によってずいぶん歩幅が変わるんですね。何回か跳んでみて、助走が伸びている日はスタートを後ろに、そうでない日は前につけるということですね。

髙田　そうです。そうやってコーラーは微調整をしてくれるのですが、スタート位置に関しては、どんな微調整をしたか教えてくれないこともあるんです。なぜなら、「右に逸れてくるから、ちょっと左につけるよ」とコーラーが言ってしまうと、逆に私が「右に逸れないように」と意識してしまうからです。あえて微調整は大森さんがやって、「まっすぐ来い」とだけ言われることもあります。そうすると、だいたい白い枠のど真ん中に足がつけるような形にうまく調整できているんです。

伊藤　面白いですね！　調整したことを意識すると調整が狂ってきてしまう。だから、髙田選手をペン、地面を紙だとすると、ペンは変えずに紙だけを修正するということですね。髙田選手は逸れていようが同じ線を引き、コーラーが紙である地面の方を動かすことで、結果として正しい場所に正しい線が引かれるようにする。とはいえ、選手も人間なので、調整役のコーラーとのあいだに独特の心理戦のようなものがありそうです。

髙田　そうです。「聞きたいのに、なぜ教えてくれないの」と思うこともあります（笑）。コーラーも「いいから、走ることだけ気にして」みたいな感じです。ただし、選手によってコーラーとの関係はさまざまです。選手を助走位置につけた後、「はい、行くよ〜。一、二、三、……」といいながら跳びながら踏み切り位置まで下がっていくコーラーもいます。海外では、コーラーの「はい、行くぞ！」という声かけに応じて選手が走り出し、助走の間は何も言わないで、踏み切りのところでいきなり「跳べ！」と叫んで、跳んでるところもあります。いきなり跳ぶなんて私にはできませんが。

ペンではなく紙を動かす

伊藤　コーラーのサポートの仕方もいろいろなんですね。スタートのタイミングを決めるのはコーラーなのか選手なのか、跳ぶタイミングを一緒にカウントするのか突然キューが出るのか。

高田　私は自分のタイミングでスタートします。スタート位置につくと、審判団の方が旗をあげるのですが、そこから一分以内で跳ばなきゃいけない。バサッと旗の音が聞こえたら、自分のタイミングで「行きます」と声をかけます。

着地先に砂場があるかわからない恐怖

伊藤　一五歩の助走というのはかなり長いですよね。
高田　私は初速がちょっと遅いんで長めに走ります。初速が速い人だと、十歩とかで跳ぶ方もいます。あるいは助走が曲がりやすい人は、あえて短い助走で踏み切ります。走り始めると、大森さんが私の歩数に合わせて「一、二、三、四、五、六、七、八、九、十、一、二、三、四、五」と言ってくれます。昔は「はい、はい、はい、はい、はい」だけにしてもらうこともあったんですが、何歩目か分からなくなっちゃうときがあって（笑）。
伊藤　その一五歩の間で、純粋に勢いをつけるために走っている時間と跳躍モードに入る時間がありますよね。
高田　最後の五歩で跳躍に入ります。だから、十まで数えたら、「十一、十二」とはいかず、「十、一、二、三、四、五」としてもらっているんです。ただ、どうしても踏み切ってからの空中動作というのが難しいですね。普通の方は空中動作を見て覚えている。だけど、それができません。私の場合は、姿勢がどうしても前かがみになってしまうんです。本来だったら、踏み切った瞬間に、後ろにグッと身体を反って、そして足を前に出します。そして、着地では足で砂をかくようにしてポンとお尻から落ちるっていうのがベストな空中動作だとは聞いています。もちろん自分の頭でも何となく「こうなのかな？」っていうのは分かってはいる。だけど、私には砂場が見えません。空中で自分が今どこにいて、砂場があとどのぐらいで来るのかという視覚的情報があれば、できる気がするんですが、私は砂場がいつ来るかがわからない。そうした状況で空中動作から着地動作に入らなければいけないとなると、跳んだ瞬間に着地動作に移ってしまい、身体が前かがみになって、座る態勢に先に入ってしまいます。大森さんからは「跳び急ぐな」って言われるんですけど。

伊藤　なるほど。いつ砂場に着地するかの予想がたたないから、逆算ができず、早め早めに着地に備えてしまうということですね。

髙田　そうです。それは私の中では走ることよりも難しいですね。本格的に幅跳びを始めてから四年目に入っていますが、いまなお、完全にはできないですね。練習で、大森さんに後ろから抱きかかえてもらって、空中動作と着地動作を何度も固めているんですが、実際に踏み切った後でその態勢をつくるっていうのが本当に難しい。どうしても砂場の距離が見えないために、怖さが出ちゃうんですよね。ただ、全くできないわけじゃない。時々、「ああ、今のみたいな感じ」と言われる跳躍もあります。ただ、コンスタントにできていないんです。時々、一五歩で跳ばなきゃいけないのに、一三歩で跳んじゃって、砂場に入れなかったりすると、どうしても恐怖心が生まれます。

伊藤　空中動作ができるためには、空中にいる時間を分節化することが必要そうですね。「空中にいる時間」として一まとまりに感じるのではなく、上がっている時間、最高点を通過している時間、そして着地に近づいていく時間、とたとえば三つに分けることができれば、リズムが生まれ、それに身体の動きがついてきます。しかし髙田選手にとって、空中は視覚だけでなく触覚もない世界ですよね。そのような状態で、空間に対して自分の身体が今どこにあるのかを把握するのはとても難しそうです。それゆえに恐怖が勝ってしまいがちだということですね。砂のないところに着地してしまうというのは相当の恐怖でしょう。

髙田　日本の砂場は基本的に三レーン分の大きな砂場を使っているんです。だけど、最近のピットには一レーン分しかない砂場があるんです。幅跳びの着地は大きくは曲がらないだろうという前提で作られているんですよね。普通に跳ぶうえでは一本分で問題はないと思うんですけど、視覚障害の場合は曲がる可能性がある。私のベストは四メートル四一センチ（※T11クラス日本記録）なのでまだいいのですが、男子選手だと、六メートル以上跳ぶので、斜めに跳んだら砂場がないということが起こるんです。「血だらけになったりするよね」っていう話とかを聞くと、やっぱり恐怖心しか出てこない（笑）。幅跳びは、一〇〇メートルのように伴走の方が微調整をきっちりやってくれるものではなく、自分の力だけで跳ばないといけないので、これはほんとに難しい競技だなと思っていますね。

１レーン分しかない砂場で……

伊藤　競技場のデザインが、見えることを前提に作られているわけですね。同じ競技場を使うということは、障害があろうがなかろうが同じ土俵で戦うということを意味しますが、健常者にとっては課題にならないことが、障害があることで課題になる。そうなると一見同じ幅跳びをやっているように見えても、実は解いている問題が違う、やっているゲームが違うことになりますね。

美しいと賞賛される日本人の跳躍

伊藤　短距離と幅跳び、両方にチャレンジされていますが、難しい競技だとしてもやはり幅跳びのほうが楽しいですか。

髙田　そうですね。世界で戦えるっていう手ごたえがあるので幅跳びは楽しいです。もちろん一〇〇メートルでパラリンピックに出たいと思って始めた陸上です。なので、パラリンピックの舞台で一〇〇メートルを走りたいという思いは強いんですけど、やっぱり走力が海外の選手と比べてまだまだ劣っています。一〇〇メートル、二〇〇メートル、四〇〇メートルの場合、レーンを二つ使うので、決勝は四人しか残れないんです。ファイナルに残るためには、上位四人の中に入らなきゃいけないわけです。それに対して、幅跳びなら上位八人までに入ればファイナルに行けて、決勝で六本跳ぶことができる。幅跳びでもやっぱりブラジルは強いです。どう考えても筋肉の質が違うのと、あと、身長が大きいんですよね。女の人でも一八〇センチぐらいある人が多い。ただ、走力やバネで戦えない分、技術で勝りたいという思いはあります。

伊藤 力で負ける部分を技術で補うというのは、日本人らしい戦い方ですね。

髙田 海外で跳躍したときに、日本人の跳び方は「beautiful」(綺麗)だねって言われます。海外の全盲の選手も怖いというイメージは強いので、バネだけでボーンって跳んで、「あとは知らない」みたいな場合が多い。対して、日本人には幅跳びらしく跳ぼうとしている方が多いようです。視覚障害ではないですが、大腿切断された義足選手の山本篤《あつし》※2さんも、技術のレベルが高くて、空中動作も綺麗です。空中でちゃんとくの字に身体を曲げて、義足足部が重さで下に先に落ちてしまうことを防ぐために、ちゃんと身体を横にしながら足を前に出す。篤さんの跳躍技術はもはや人間業ではないので、微妙ですけど(笑)。

伊藤 障害の違う陸上選手との交流もありますか?

髙田 少しお話しすることもあります。ただ、試合のときに同じ場所に泊まっているわけではなく、出場するレースもバラバラだったりすると、お互いに自分の試合に集中していてなかなか交流とまではいきませんね。一昨年のアジア大会のときには選手村が用意されていたので、陸上仲間と話していました。そこでは競技の話というより、障害の話をよくしていました。切断者アスリートと幻肢《げんし》の話をしたり、逆に私が寝ているときに見ている夢の話をしたり。

伊藤　髙田選手の夢は視覚的な映像なんですか？

髙田　私の場合は、現時点のことを夢で見るときには、映像ではないことが多いです。ただ、こんな感じなのかなって作り上げたイメージの映像が流れていることはあります。あと、小さい頃とか見えていたときの記憶に関する夢は完全に映像で出てきます。多分、生まれつき見えてない人は、音だけの夢ということもあると思うので、そこはまた私とは違う夢なんだと思います。あと、試合が近くなってくると、スタートラインで自分が位置についているときの夢を見ますね。ブロックをつけている感覚や、前に身体を出して走っているような感覚とかも。映像でというよりは感覚として、夢に出てくることが多いです。

伊藤　世界で戦ううえで、見えないからこそ求められるメンタル面の強さもありそうですね。

髙田　日本人選手の場合、言語の問題もあります。英語がしゃべれないと、気持ち的に呑《の》まれてしまうんです。試合中に、審判たちが英語で何かしゃべっていても「何、言ってんの？　今、何が起きてんの？」となってしまって、だんだん不安になって、自分が呑まれていってしまう。選手同士のコミュニケーションも英語です。英語が話せると、海外の選手とお互いにコミュニケーションがとれます。私も英語ができれば、言葉の壁がなくなり、メンタル的な部分も変わってくると思います。

耳の聞こえないパートナーとの二人三脚

伊藤　髙田選手はご夫婦で陸上をやられていらっしゃいますね。しかもご主人の髙田裕士《ゆうじ》さん[※3]は耳が聞こえないアスリートで、四〇〇メートルハードルの選手です。見えない千明選手と聞こえない裕士選手、お二人はどんなご夫婦ですか。

髙田　主人は耳が聞こえませんが、声を使うことができます。なので、彼は声で話し、私は手話で話します。陸上競技に関しては、種目が違うので、練習内容やフォームなどについて言い合うことはないですね。ただ、治療の話や、スパイクやウエアなど道具の話はします。私が視覚情報としてちょっとわかんないところがあったら教えてくれるし、他の選手はこういうのを使っているといった情報も、主人の方が先にキャッチしています。ストレッチポールなどの練習用の道具や、寝ているときに疲れがとれる布団などを主人はよく見に行ってますね。

伊藤　ご主人は情報通なんですね。

髙田　陸上の雑誌もよく見ています。専門誌に掲載されているフォームや連続写真とかを見ながら、勉強しています。主人の場合、三半規管が弱いらしいんですね。音の情報がないために、まっすぐ走ることが難しい。普通の四〇〇メートルハードルの選手だと、練習でコーチが声かけや手拍子でリズムをとり、それに合わせてリズム良くハードルを越えていくそうです。だけど、主人はその音が聞こえない。そこで、健聴のハードル選手と並走をして、隣の選手を目で見ながらリズムを合わせることで、リズム感を習得しています。

聴覚障害の場合、競技をやるにあたって、音の情報がない分、自分のリズムっていうのがわからないという問題が出てきます。四〇〇メートルハードルの場合は、途中で歩数が変わることがよくあります。だけど、最初の一台目のハードルは何歩で跳ぶと決めている。主人はそのリズムがまだ完璧にはわからなくて、最近の試合でもすべて逆足で跳ぶことになってしまったと言っていました。

伊藤　視覚があれば運動に支障はないように思いますが、実は運動には耳も関係している。聞こえない人ならではの課題があるんですね。ご夫婦でアスリートとしてやっていく上での大変さはありますか。

高田 一番は、お金の問題です。現実問題として、夫婦ともに陸上をやるにはお金がすごくかかるんです。日本は、オリンピックも、パラリンピックも、聴覚障害者のデフリンピックも、協会などが金銭的にサポートしてくれる国ではありません。基本的に自己負担ですべてやっています。私の場合は、伴走者の分のお金もかかるので、さらに大変。主人はスポンサー探しもすごく積極的にやってくれていますけれど。海外だと、子どものいる選手もそれなりにいます。しかし日本では、私たちのように夫婦で競技をやり、さらに子どももいるという人は稀です。夫婦ともにメダリストというのは、私たちだけだと思います。

伊藤 日本ではまだまだ障害者スポーツを「障害者のスポーツ活動」ととらえる風潮が強く、「スポーツの中の一部門」として楽しむ姿勢が浸透していませんね。それゆえ、企業による支援も伸びないという現実があります。こうした競技環境の改善は、二〇二〇年の東京パラリンピックに向けての課題でもありますね。

高田 日本はまだまだ遅れていると思いますね。たとえば、海外ではデフもパラも、オリンピックも全部が一つにまとめられています。練習の場所もそうですし、コーチもオリンピック選手を見るコーチがパラもデフも見ています。日本もそれくらいを目指してやれれば、もっと選手が出てきやすいですよね。パラリンピックは、競技をするだけでもお金がかかります。加えて、練習場所の確保が難しい。国全体でサポートしてもらえるくらいの環境がないと難しい部分は多いと思います。

1 **大森盛一** 一九七二年生まれ。四〇〇メートルの選手として活躍。日本代表として一九九二年バルセロナオリンピックと九六年アトランタオリンピックに出場した。四×四〇〇メートルリレーのアジア記録保持者。高田千明選手のガイドとして、リオデジャネイロパラリンピックに出場する。

2 **山本 篤** 一九八二年生まれ。高校二年のとき事故により左足の大腿部を切断。高校卒業後、競技用義足に出合い、陸上を始める。二〇〇八年北京パラリンピック走り幅跳びで、日本人義足陸上選手初の銀メダルを獲得。一五年世界選手権で優勝し、リオデジャネイロパラリンピックに出場する。

3 **高田裕士** 一九八四年生まれ。デフリンピック日本代表。生まれつき聴覚に障害があり、最重度の聴覚障害者である。二〇一二年トロント世界ろう者陸上競技選手権大会四×四〇〇メートルリレーで日本男子トラック種目史上初の銅メダル獲得に貢献した。四〇〇メートルハードルの日本記録保持者。四×四〇〇メートルリレーのアジア記録保持者。

第五章

ゴールボール

安達阿記子選手の場合

本章に登場するアスリート

安達阿記子（あだち・あきこ）

1983年生まれ。福岡県出身。14歳のときに右目に黄斑変性症を発症。その後20歳のときに左目にも発症する。2006年に国立福岡視力障害センターへ入所した際、ゴールボール競技と出合い、08年には北京パラリンピックに出場。12年ロンドンパラリンピックでは悲願の金メダルを獲得した。09年よりリーフラス株式会社に入社し、選手としての活動以外にも、各地での講演活動や体験会などを通して、ゴールボールの普及に努めている。

【ゴールボールの基礎知識】

・ゴールボールでは、一チーム三名の選手同士が、コート内で鈴入りボールを転がすように投げあい、味方ゴールを守りながら相手ゴールにボールを入れ、その得点の多少を競う。

・選手は全員アイシェード（目隠し）を装着し、視力や視野といった障害の程度の差が出ないようにする。

・一試合、前後半一二分の合計二四分で行われる。前後半の間には三分間のハーフタイムが入る。試合中、チームは一回四五秒のタイムアウトを前後半合計で四回取ることができる。前半に一回取らなかった場合は、一回分は無効になる。

・コートの広さは一八メートル×九メートルで、六人制バレーボールコートと同じ広さ。ゴールは高さ一・三メートル×幅九メートルでサッカーのようにネットが張られている。

・ボールは、バスケットボール（7号）とほぼ同じ大きさで、重さは一・二五キログラム。中には鈴が入っており、音が鳴るようになっている。

・コート内の各ラインには、床との間に糸を通してその上からテープが貼られている。そのため、触れば凹凸がわかるようになっている。

・攻撃時、ボールを転がすときには、投げたボールが「攻撃側エリア」と「ニュートラルエリア」（センターラインから前後三メートルのエリア）の両方の床にバウンドしなければ反則となる。

・攻撃時、投球者がボールを投げた後、攻撃側チームは守備側に不利になるような音を出してはならない。

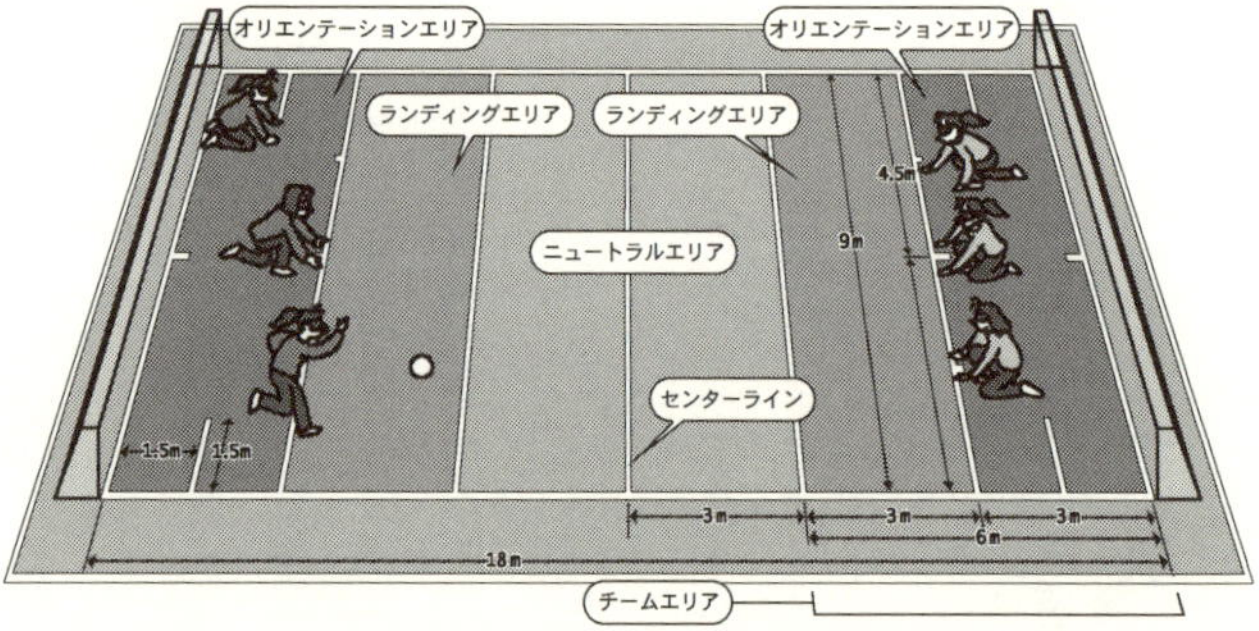

・投球されたボールを、守備側の選手が初めて触れてから一〇秒以内に投げ返して、センターラインを越えなければならない。
・ゲームタイマーが止まっている間以外に、ベンチからコート内の選手に指示を出してはいけない。

弱視の見え方はさまざま

伊藤 亜紗　最初に今の安達選手の見え方について教えてください。

安達 阿記子　私の場合は、原因が不明なのですが、黄斑変性症《おうはん》という病名を付けられています。見え方としては、中心部が見えません。こうやって声のする方向を見ると、顔全部にモザイクがかかっているような状態です。ふだんの生活は、白杖がなくても一応歩くことはできます。けれども、看板の文字が見えなかったり、人の表情がわかりにくかったりします。

伊藤　「モザイク状」と表現されましたが、それは「ぼんやりしている」というのとは違うんですか?

安達　説明しにくいんですけれども、チカチカしたものが常に真ん中にあって、真ん中だけライトに照らされているというような感覚です。よく講演会などで子どもたちに見え方を説明する時には、「目の前でグーを作ってみて」というような表現をします。このグーが見たいところの邪魔をしていて、その部分が見えない状態です。

伊藤　弱視の方の見え方というのは、本当に人それぞれですよね。数字として表される視力や病気の名前は同じでも、言葉にしてみると「もやがかかっている」だったり「チカチカしている」だったり、人によって表現が違います。時間帯や天気、体調によって見え方が変わるという人もいる。しかも、白杖を持っていない弱視の方は、そもそも障害があるということがパッと見では分かりにくい。同じ視覚障害でも、全盲と弱視ではだいぶ違うところがありますね。

安達　違いますね。私の場合は、真ん中がちょっと白っぽく潰れたような感じに見え、あと上の方にチカチカしたものがあります。なので、視野の下の方で見るようにしています。たとえば相手の顔を見たいときには、視線を相手の頭上に合わせて、視野の下の部分で見るようにする。ただ、人間の視力は真ん中に一番集まっているので、ずらして見るのは見えにくいと感じます。色に関しては、見えにくいということはありません。

伊藤　現在のような見え方になったのは、いつ頃からですか？

安達　まず、十四歳ぐらいのときに右目の方が悪くなったんです。そのときは左目にはまだ症状が出てなかったのですが、ドクターからは「もしかしたらその症状が左目にも出てくるかもしれないよ」と言われていました。治療法がなかったので、経過観察というような形で、眼科には通っていました。しばらく左目を使って生活していたのですが、二十歳になるちょっと前ぐらいに左目の方に症状が出始めました。

伊藤　ということは、小学校から高校までは、盲学校ではなく一般の学校に通われたんですね。

安達　そうです。高校を卒業してからは、実はちょっと音楽の活動をしていたんです。ピアノから始まって、エレクトーンとか、あと太鼓もやっていました。コンサートに参加したり、子どもたちに教えたりしていました。両目が悪くなるまではずっとやっていたんですが、両目が悪くなったのをきっかけにやめてしまいました。今思えば、もうちょっと頑張ればどうにかなったかもしれないんですけど、自分の中で限界をつくってしまって、「とても音楽を続けることはできないな」と諦めてしまったんです。

伊藤　もともと音には敏感で、興味を持っていらしたんですね。

安達　そうですね。それで二十歳過ぎに音楽を諦めたのですが、一時期は何もする気が起きず、実家でだらだらとした生活をしていました。最初は母も、「代われるものなら代わってあげたい」というような思いもあったみたいで、優しくしてくれていたんです。だけど、あまりにだらだらした状態が長く続いたので、ついには、「いい加減にしなさい」「自分の今後をちゃんと考えなさい」と言われてしまいました。

それで二〇〇六年に、当時住んでいた福岡にある、国立福岡視力障害センターに入ってマッサージの勉強を始めました。いま練習の拠点になっている所沢の国立障害者リハビリテーションセンターの関連施設です。そこで先輩から声をかけられて、ゴールボールをやっているクラブ活動を見学に行きました。もともとゴールボールという競技のことは聞いていたのですが、実際に見たのはそれが初めてでした。

初めての目隠しでパニック

伊藤 見学しに行ってどうでしたか?
安達 見学しに行ってみたら体育の先生から「見ているだけじゃわかんないから、やってみなよ」と言われました(笑)。ちなみに、その体育の先生が、ゴールボールの日本代表コーチの方だったんです。
最初、見ていた時は、ゴールボールをやっている選手たちが、すごく自由自在に動くわけですよ。そして、ボールもピタッと止める。なので、見た感じ「これは簡単そうだな」

と思ったんです。そこで体育の先生から「やってみなよ」と言われたんで、「わかりました」と軽い気持ちで返事をしました。

ところが、アイシェード（目隠し）をしてコートに立ったら、もう全く動けないんです。「何、これ!?」というような感覚に陥《おちい》ってしまいました。あとでよくよく考えると、私は確かに視覚障害にはなったんですけど、まだ視力が残っている方でもあって、真っ暗な状態で動き回るっていうのをやったことがなかったんです。なので、真っ暗な状態に本当にパニックになってしまいました。

伊藤　安達選手は日頃は弱視の状態だから、完全な全盲っていうのはまだ未開拓ゾーンだったわけですよね（笑）。

安達　そうです（笑）。それで怖いというのもあるし、もともとスポーツ経験というのもなかったので、寝て起き上がってという動作を繰り返すことも体力的にきつかったです。もう、わけわからないし、きついし、悔しいし（笑）。

でも、ちょっと動いて汗をかいて爽快感も感じていました。不思議なことに、初めていろんな感覚を味わって、それが「嫌」というふうにならなかったんですよ。「もうちょっとやってみたいな」という気持ちになった。それから本当に楽しむ目的でゴールボールをやり始めることになりました。

伊藤　視力があってもそれを遮断してプレイする点で、ゴールボールとブラインドサッカーは似ていますね。ただし、ゴールボールの場合は、アイマスクではなくアイシェードを使いますね。

安達　そうですね。アイシェードを使うのは、顔面の保護のためです。外から見るとスキーのゴーグルみたいな形ですが、レンズがスポンジで完全に覆われていて全く見えません。このアイシェードはレンズが二層構造になっているんです。従来のアイシェードはレンズが一枚しかなかったので、ボールが顔面に当たってレンズが割れてしまった場合、ガムテープでペタペタ貼りつけていたんです。でもこのモデルであれば大丈夫です。ディフェンスの姿勢をとるときには、一応顔の前にしっかりと腕をのばして、顔に当たらないような姿勢をとってはいます。ですけど、スピードの速いボールだったりすると、守れなかったりすることもあります。

二重構造のアイシェード

コートやボールが「見える」ようになるまで

伊藤　そんなパニック状態から始まったゴールボールですが、未開拓ゾーンだった完全に視覚のない世界に、徐々に慣れていくプロセスというのがあったのではないかと思います。最初は何もとっかかりがなかった世界が、どのように「見える」ようになり、自由に動けるようになったのですか。

安達　ゴールボールでは、ライン上に糸を通してその上からテープが貼られています。選手はこの凹凸を触って、そこにラインがあることを確認しているんです。ゴールの位置も、触ればわかります。ゴールラインから三メートルがオリエンテーションエリアで、その中に三人の選手がいてゴールを守ります。オリエンテーションエリアにいれば、ちょっと下がるとゴールに触れるので、方向を確認できるはずなんですけど、最初は、自分が前を向いているのか後ろを向いているのか、どこにゴールがあるのかということさえも、少し動いただけで分からなくなってしまいました。床を触っても印がない。いつも雑巾がけのように同じところばかり触ってしまって、「もう自分がどこにいるのか全く分からない。どうしよう！」となってしまっていました。

伊藤　コート内にはライン以外にも、触って分かる印があるんですよね。

安達　そうです。エリアを分けるラインだけではなくて、オリエンテーションラインとよばれる印もあります。まず、オリエンテーションエリアのフロントラインの上にヒントとなるちっちゃい印が三つあります。センターの部分にある印の長さは五〇センチメートルです。コートの幅は九メートルですから、この印は両端から四・五メートルのところにあります。さらに、両端から一・五メートルのところにも、一五センチの印がちょんちょんとあります。一五センチの印をゴール方向に延長していくと、ゴールからの距離一・五メートルのところで、サイドラインからのびる一・五メートルの印にぶつかります。これらの印をうまく使えば、自分がいまエリア内のどこにいるかがより細かく把握できるんです。

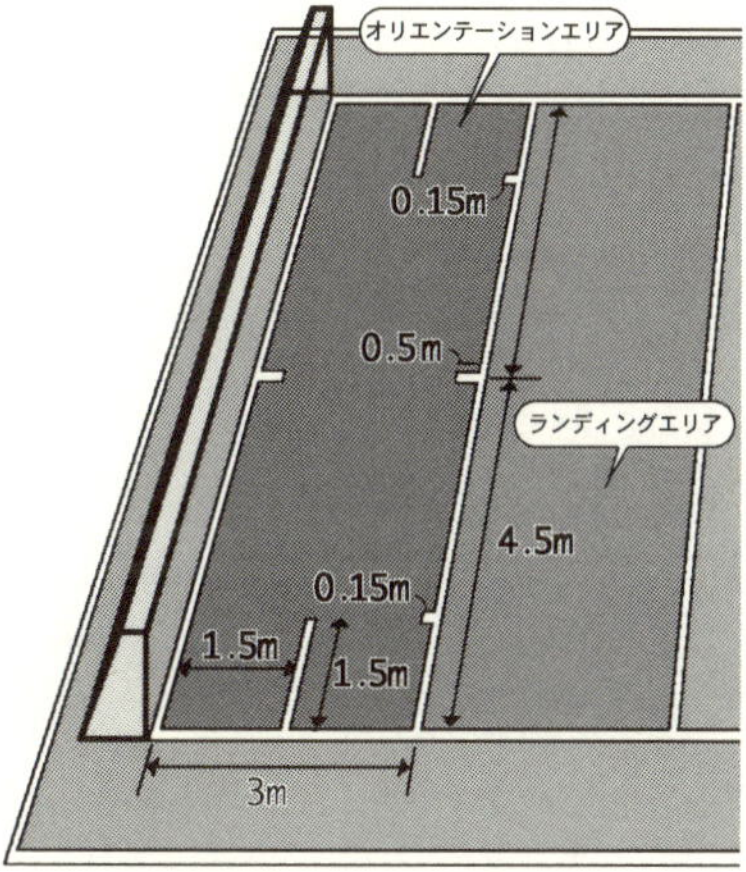

コートのラインには凹凸が

初めてのときはパニックでよく分からなかったのですが、練習を繰り返すうちに、だんだんとどう動けばその線に辿り着くのかという、まずは身の回りのことがわかってきました。「あ、今、この短い印を触ってる。ということは、自分はこの部分にいるんだ」「あ、この印は長いから、ここなんだ」っていうふうにコート図の中での自分の位置が分かるようになっていきました。

伊藤　ゴールボールのコートは、印のつけ方がたいへん工夫されていますね。印を点ではなく線にすることで、位置だけでなく向きの情報も入れ込めるようになっている。また、印の長さを変えることで、相互に区別がつくようになっている。それから先ほどの安達さんの説明の仕方を聞いてなるほどと思ったのですが、「印を延長させる」という使い方もあるんですね。フロントライン上の一五センチの印を延長すると、サイドからのびる一・五メートルの印にぶつかるようになっている。こうすれば、たった二つの印から一・五メートル四方の四角いエリアを意識できますね。

安達　はい。なかには、足でラインを踏んで、それを確認するだけで大丈夫だという方もいます。それからゴールも印になります。ゴールは手で触るだけでなく背中や肩にも当てます。そうすると、方向が分かりやすいんです。

伊藤　なるほど。足の裏や体でも印を確認するわけですね。

安達　そうです。そうやって印を確認しながらコート図が頭の中にイメージできるようになったのですが、次の問題はボールの位置でした。ボールが遠くで鳴っているのか、近くで鳴っているのか、その距離感が最初は全く分からなかったんです。たとえば、相手サイドのボールがアウトになると、相手コートに新たにボールがボンッと投げ込まれます。そのあと審判の「プレイ」という声がかかって、実際にプレイが始まるのですが、間違えてボールが投げ込まれたときのボンッという音に反応してしまったことがありました。パッと寝ころんで構えたまま、少し経って「ん？」って、固まってしまったり（笑）。チームメイトに「まだ転がってこないよ」と言われることもありました。

伊藤　おそらく、音を認識することと、音の意味を認識することは別なんでしょうね。「投げ込まれたボールだ」という意味が分からないと、「ボンッ」という音にパッと反応してしまう。ボールを流れのなかで捉えて、どこから飛んできていてどこへ行こうとしているボールなのかを把握する必要がありそうです。

ところで、ゴールボールのボールはちょっと特殊なボールですよね。ブラインドサッカーのボールとも違いますよね。

安達　サイズはバスケットボールと同じで、なかに鈴が二〜三個入っています。ゴールボールの場合はボールの重さは一・二五キログラムになります。これはバスケットボールのおよそ二倍です。

伊藤　ずいぶん重たいですね！　肋骨を折った選手もいると聞いたことがあります。

安達　重たいですね。ボールには八カ所に穴が空いていて、空気が抜けるようになっているんです。なので、もし誤って選手がボールに乗ってしまったとしても、空気がシュッと抜けてボールが潰れるんです。危険防止になっています。

伊藤　ボールが空中を飛んでいる時は鈴の音はしないんですか？

安達　鳴らない選手は、本当に鳴らないですね。その場合は、トン！トン！と床にぶつかる音だけがあって、ボールが飛んできます。でも、トン！と床に当たって音がしたあとに、かすかにシャラシャラと空中で音がちょっと拾えるボールもあります。始めた当初は、遠くの音なのか近くの音なのか分からなかったのですが、今では、イメージなんですけど、音がした場所を点と点を線で結んで、だいたい自分のどの辺に来るのかというところが読めるようになってきました。

伊藤　なるほど。まずは印などを手掛かりにコートのイメージを頭の中で把握する段階があり、そしてそのコートの中で自分が今どこにいるかを位置づけ、さらに今度はボールがコートの中をどう動いているかを把握するという段階があったわけですね。自陣のコートは印を手で触って触覚的に確認することになりますが、敵陣のコートはボールの音や、アイシェードをつける前に見た距離感の記憶を手掛かりにイメージすることになりますね。
安達　自分がいる部分から全体のコート図をイメージして、相手のゴールの端から端の九メートルの距離感をイメージしていますね。それがわからないと、自分達が投げたボールが、その九メートル幅のどこに当たったのかがわかりません。そうすると、次の相手のボールの出所が分からないので、重要です。

三人でコートをサーチしあう

安達　ボールが実際には敵陣コートのどこに行ったかは、選手たちで声を出して確認しています。ゴールボールの場合、一チームのプレイヤーは三人です。三人の選手が、ゴールの前に横に並び、守備や攻撃をします。なので、自分の他につねに仲間が二人いることになります。もちろん、選手たちは見えているわけではないので、一〇〇パーセント当たるわけではないんですけど、正面から聞こえる音とサイドから聞こえる音では違いますので、選手がそれぞれ感じたところを声に出して共有するんです。仲間が投げたボールがどこに行ったか、そして、相手のチームがそのボールをどこに動かしているのか。気配と、かすかに鳴るシャランという鈴の音を手掛かりに、コートを三人でサーチし合うんです。

伊藤　音が重要であるゴールボールの試合において、声を出してもいいんですか。相手に対する妨害行為になるのでは。

安達　ボールを投げ、それが転がって、相手のコートに行っているときには、しゃべれません。守備妨害で「ノイズ」というペナルティをとられてしまいます。だけど、自分たちが投げたボールが転がっている時間以外、つまり相手からボールが転がってくる時は、選手同士でしゃべっていいんです。ボールの場所が分からない時は「分からない」と言うし、分かった人が声を出せば「ＯＫ。そこね」という感じで共有します。そうすることで、九メートルという広いエリアから相手がボールを投げてくる位置を絞っていくんです。

伊藤　ボールが来るまでの短い時間に素早い判断が迫られますね。

安達　コートの場所には名前がついていて、数字ですぐに場所を示せるようにしています。コートは幅九メートルあるので、それを横に九分割しているんです。〇、一、二、三、四、

コートを１メートルずつ９分割する

五、六、七、八、九といったふうに。

伊藤　たとえば「三だよ」って言ったら、そこにいる選手が守ったり、他の選手がカバーに入ったりするんですね。でも、三人もいると、意見が割れたりしないですか（笑）。

安達　練習の時では、言い合っている時もあります。ある選手が「右」と言い張って、他の選手が「中」と言って譲らなかったり（笑）。そうこうしているうちに、ボールが飛んで来てしまいます。なので、意見が割れたら最終的な統率はセンタープレイヤーがとるとチームでは約束してあります。

○・五秒でボールのバウンドを計算する

伊藤　投げ方も選手によって違いがありますね。

安達　あります。普通にボーリングをするように転がす選手もいれば、回して遠心力を使う回転投げをする選手もいます。

伊藤　回転投げは安達選手もやられていますよね。あれはどういうときに使うのですか。

安達　私の場合は、回転投げを使うと、振り上げて回ることによって、打点が高くなるんです。なので、高くバウンドするボールを使いたいときなどに回転投げを使います。選手によっては、グラウンダーでもバウンドでも同じフォームでという選手もいるみたいですね。体が強ければ、さらに遠心力を高めてスピンをかけることもできます。ただ、しっかり練習しないと、コースを狙うコントロールが難しくなります。

伊藤　ふだんはどうやってボールをコントロールしているんですか。

安達　私は、まずはまっすぐ投げるというのを意識しています。短い距離でもいいので、コートのラインをイメージしながら、まずはそのライン上に投げるというのから始めていきました。最初は距離三メートルでやって、そこから次は六メートルというふうに距離を伸ばしていく。そして、思いっきり助走をつけた状態で、同じようにそのライン上に投げられるかというところを繰り返し練習しました。そこで、自分のイメージとフォームをいろいろ調整しながらやっていました。

伊藤　ということは、投げる時は、ボールの到達地点をイメージするっていうより、「こ

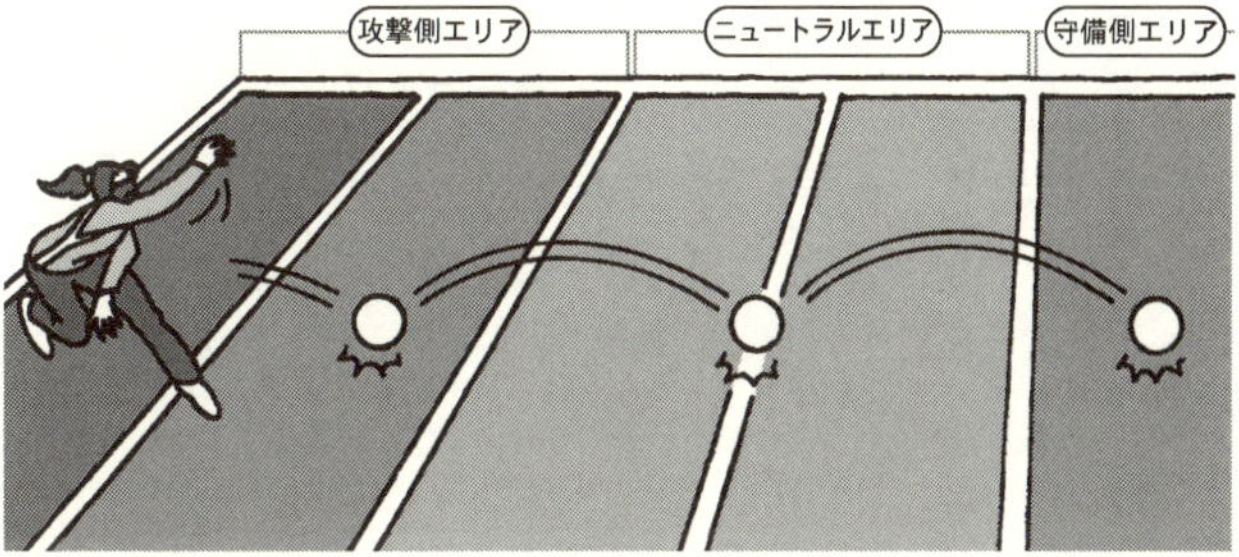

バウンドの音から軌跡を予測

の体の動きをすれば成功するな」といった、自分の体の動きを意識しているのでしょうか？

安達　そうですね。選手によって違うのかもしれません。私の場合、昔は投げたいところを見て投げていたんですけれども、「遠くに意識があると上手くいかないな」と自分の中で感じるようになったので、今は割りと近くを意識したり、投げ出す位置に意識を持つようになりました。意識を遠くにしてしまうと、投げ急いでしまったり、投げようという意識が強すぎてボールが浮いてしまったり、ちょっと前かがみになり過ぎてしまうことがありました。

伊藤　ゴールボールのルールでは、決められた場所にボールをバウンドさせないといけないですよね。

安達　そうです。必ず二回バウンドしないといけないんです。一回目は自分の陣地のエリア内。そして、ニュートラルエリアといって選手が立ち入らないエリアにもう一回ボールを着かないといけないんです。ダイレクトにボールが相手エリアに行くと、それは危険球とみなされて、ペナルティになります。

なので、一回目の着地点と二回目の着地点を結んで、次はどこに来るかということを予測しています。あと、ボールの伸び率やバウンドの高さも計算しています。もしボールのバウンドが高い場合には、体を高くしないといけない。そういったことも、そのトン、トンという二回のバウンドの音から予測して動くんです。

伊藤　なるほど。ボールの音から、飛んでくる位置だけでなく高さも予測するわけですね。コート図の平面的なプランに加えて、実際の試合では高さを含めた三次元的なイメージが必要ですね。

安達　バウンドの高さもみんないろいろ調節をしてくるんですよ。小刻みに弾むバウンドだったり、大きなバウンドだったり。特に男子選手の場合はボールのスピードもあります。トップクラスだと時速七〇キロとも言われているので、守備位置まで〇・五秒で到達する計算になります。その〇・五秒でバウンドまで瞬間的に予測しているんです。

伊藤　安達選手の一番得意なボールはどんなボールですか。

安達　私の場合は、大きいバウンドはあまり投げられないので、静かなグラウンダーのボール、ちょっと小刻みなバウンドボールを投げ分けて、相手の壁を越えようとします。選手によっては、すごく体を反って取る選手がいます。そういう選手はボールを弾きやすい傾向があるので、そういった選手に小刻みのちっちゃいバウンドを投げるんです。

伊藤　バウンドはボールや床の状態にも左右されますよね。そういった不確定要素の大きい部分が戦略に大きく関わってくるのが面白いですね。

安達　試合で使われるボールは、実は変化しているんです。北京パラリンピックまでは、ドイツ製ボールを使っていたんですけど、ロンドンパラリンピックの際に、カナダ製ボールが誕生しました。それからはドイツ製ボールかカナダ製ボールかどちらのボールを使用するかは、大会によって、その主催側が決められるようになっています。カナダ製のボールは今までのドイツ製と比べると少し弾み方が抑えられて、その代わりグラウンダーのボールを投げると滑りやすく、変化球がよく曲がるという特徴があります。ロンドンパラリンピックではカナダ製のボールが使用されたのですが、あまり弾まないボールなので、体の小さい日本にとっては有利でした（女子日本代表はロンドンパラリンピックで金メダルを獲得）。今回のリオデジャネイロパラリンピックでは、またドイツ製の弾みやすいボールが採用されています。

伊藤　ロンドンで金メダルを取ったときと違うボールを使うことになるわけですね。

安達　はい。ただ、カナダ製のボールはちょっと音が聞き取りにくかったり、あとは変則的に弾んだりするんです。対して、ドイツ製のボールは、すごく弾むんですけど、規則的に弾んでいく特徴もあります。なので、どっちもどっちで、それぞれの特徴に合わせて、トータルで対策を練っていかねばなりません。リオではドイツ製のボールと決まったので、ドイツ製ボールの特徴を把握した上で、バウンドしたボールで抜かれないように、まずはディフェンス面でしっかりと抑えることを重視しています。いかに相手の攻撃を耐えてチャンスを掴めるかというところが鍵となると思います。

伊藤　日本製のボールはないんですか？

安達　ないですね。

伊藤　ほとんど弾まないボールを作ってほしいですね（笑）。

安達　まだ、どこも作ってないと思います。

伊藤　他の競技でも日本はルールを決める側に回れず、日本にとって不利なルールに改正されてしまうということがよくあります。ボールの開発も戦略の重要な一部だと思いますよ。

見えないからこその「音のフェイント」

安達　あと、日本が得意とするのが、コートの中を細かく動き回る攻撃です。たとえば、右側でボールを取ったあとで左側にスッと移動してそこから投げる、というような移動攻撃。これは私の一つの売りです。音をたてずに静かにスッと位置をずらしてボールを投げることで、相手の意表をつくことができます。そうした場合には音のしない投げ方をします。逆に今度はわざと音をたてて移動して、相手の意識をひきつけながら、その逆コースをつくこともあります。相手も見えないので、音で相手を動かすというか、意識をもたせることもあります。私の戦い方のネタバレになりますが（笑）。

伊藤　ゴールボールは、「音の騙《だま》し合い」なんて言われますが、まさにいろいろなフェイントがあるわけですね。たとえば、ボールを持っているのは一人なのに、三人が同時に投げる動作をする場合がありますね。あれは視覚的には絶対に騙されないフェイントなので、選手にどんな効果があるのか見ていて面白いです。そういう相手を騙すようなフェイントは、どういうものが他にありますか。

安達　心理戦と言うか、意識をどこに向けさせるかというのが重要な競技です。今はどの国もディフェンス力が上がってきているので、普通に投げてもゴールを奪うことは難しいですね。なので、フェイントをうまく使って点をとらなくてはいけません。

音に関しては、先ほどお話ししたように、ボールを持っている選手がテイクバックを始めたとき、つまりボールを引いてシャランと音がする時には、味方の選手は音を出してはいけないんです。だから味方がいつ投げるのかも把握していないといけない。ほんとにルール上ギリギリなところを攻めています。海外だといろいろな選手がいて、自分でボールを持っていて、「ギャー!」と叫び出してから投げる選手もいます。

伊藤　投げるのが自分なら、テイクバックの瞬間だけは声を出さないという調節ができますからね。

安達　あとは、他の選手がわざと手を叩いて音を出したり足音をたてたりして、ボールを持って動いている選手の足音をかき消すこともあります。すると、相手は「どこだ?」と探さなければなりませんし、ディフェンスの準備をさせないようにすることもできます。

あと、実はその音によって、自分達も「あ、センターがここにいるから、自分はここにいて、こう動こう」というふうに、コート図をイメージしやすくなるんです。

3人全員で走り出し相手の耳をくらます

伊藤　なるほど。音は味方に対するヒントにもなるわけですね。

安達　自陣のゴールを触れば、だいたいの方向はわかるんですけど、ゴールを触らずに動いたりすると方向が分からなくなったりするので、センターに音を出してもらうことによって方向の修正をしています。

三人全員が走り出す戦術は、誰が投げるかわからないようにして、「あれ？」と相手を動揺させるようにしています。もしこれを相手にやられた場合は、足音がダダダダダとするので、まず「ボールはどこだ？」というのを探します。一番は鈴の音を聞き出そうとします。あとは、ゴールを触っている音が聞こえることもあります。

伊藤　瞬時の判断が必要になりますね。

安達　ただし、鈴の音に過剰に反応し過ぎてしまうと、あえて逆コースをつかれることもあります。早く判断しすぎてもダメなんです。こういったことは経験ですね。

伊藤　観戦する側からすると、一手ずつ進んでいくので、選手がどんなフェイントをかけようとしているのかが見え、それに対してどういう効果があったのか見える。選手がやろうとしている戦術が可視化されているスポーツですね。そういう意味では、チェスや将棋のような頭脳戦を見ている感覚に近いのかもしれません。

一〇秒ごとに攻守が切り替わるゴールボール

伊藤　加えて、ゴールボールでは、一〇秒以内にボールを返さなくてはならないというルールがありますね。

安達　はい。身体に当たってから、一〇秒以内に攻撃に転じて、ボールがセンターラインを越えないといけないんです。なので、実質的にはボールを相手に向かって投げ出すまでは、九秒程度しかありません。そうでなくては、反則になってしまいます。

伊藤　その一〇秒をどう使うかが勝負ですね。

安達　はい。一〇秒以内に返球しなくてはいけませんが、一〇秒しっかり使って投げることもあれば、相手のボールを止めてからすぐ切り返して、相手チームがまだ守備に戻りきれていないところを狙うこともあります。

伊藤　どういう球を投げていくか、配球のようなものも意識していますか。

安達　同じようなボールが続くとやはりそういったボールがくることを準備します。なので、あえて同じようなボールを投げ続けて、突然違うタイプのボールをポンと投げてみるのも戦術の一つですし、相手に絞らせないために、二球に一球ずつぐらいの割合で違うボールを投げることもあります。

あとは、常に決まった選手が攻撃のボールを投げるわけではないので、仲間の動きや今まで投げたボールを見ながら、突然、逆サイドから違うボールを投げる攻撃をして、相手のタイミングをずらすというのもやっています。

伊藤　先ほど、守備で体を反るとボールが弾かれるという話がありましたが、そういうことが起こると、攻撃の大きなロスになりますすね。切り返しが重要ですね。

安達　そうですね。ボールを弾かせることができると、相手は投げる準備をするまでに時間がかかってしまい、攻撃の際に思い切ったボールを投げられません。なので、相手が攻撃しにくくなるように考えて、狙ってやっています。たとえば前もってビデオを見たりして体を反って守る癖がある選手が頭に入っていれば、その選手はすごくボールを弾いてくれる選手ということになります。

音で当たった場所が分かる

伊藤　ボールが体に当たった音から、当たった場所や当たり具合も分かりますか？

安達　分かります。バシン！って音がすると、「あ、今は足で蹴り出したな」とか。手だとパチン！っていう音がするので、「あ、今のは手に当たった音だな」とわかります。あと、ポスッと、ちょっと吸収されているような音がする時は体の太い部分で止めたんだなと感じ取っています。腕や足に当たればボールの勢いのままにゴールに入ることもあるので、どこで取ったかを音で判断して、次の攻撃に生かしていますね。

伊藤　一〇秒という時間があるから、どのように守備をしたかが、どのような攻撃ができるかに直結してくるわけですね。そのラリーが前半一二分、後半一二分続く。かなりハードなスポーツです。いずれにせよ、まずディフェンスをしっかりすることで、結果として攻撃が強くなるということですね。

安達　そうですね。日本の場合は、センターに一番ディフェンスが強い選手がきます。寝た状態で、センターの選手の体が一番前にあって、ちょっと重なりを作りつつ、五〇センチ後ろにウイングの選手がきます。

伊藤　センターの選手はほぼ全身が当たる可能性にさらされているわけですよね。ボールも重いわけですし、ただ、寝ているだけでは守れないと思います。ディフェンスには、コツみたいなものがあるんですか？

安達　基本は体のなるべく太い所にボールが当たるようにします。手や足など先っぽで取らないように相手のボールの軌道に合わせる。もしセンターが届かない部分であれば、ウイングの選手に任せるということも判断すべきです。でも、コースを読み違えて、足先や手先に当たったりすることもあるので、そういうことを想定して、全身の神経を研ぎ澄ませておかなければなりません。曲がってくるボールを投げられると、お腹で取れると思っても、意外と手先まで来ることもあります。

伊藤　ここに来るなと思いつつ、他の部分も気を抜かないようにしなければならないわけですね。身体を緊張させるシーンが多いと思うんですけど、肩が凝ったりしませんか。

安達　常に万歳の姿勢なので、きますね、肩まわりに（笑）。

混成チームでの「全盲の強み」と「弱視の強み」

伊藤　ゴールボールを競技している方の中で、全盲の方と弱視の方の割合はどのくらいなんでしょうか。

安達　現在の女子日本代表チームは弱視が少ないですね。B1クラス（全盲）がほとんどですね。私はB2なんですけど、B2／B3クラス（弱視）が二人です。

伊藤　全盲の選手と弱視の選手で違いはありますか。

安達　投げるという動作に関しては、見たことがある弱視の方がイメージがつきやすくて、そういった面は有利だなと思うこともあります。コート図とか、ゴールの絵といった映像的なイメージも、弱視だとつきやすいです。ただ、全盲の選手は覚えるまでに時間はかかってしまったとしても、一度覚えてしまうととても強いです。

伊藤　どうして全盲の選手は覚えた後は強いんですか？

安達　ゴールボールは、アイシェードをして何も見えない状態でやるので、技術さえ身に着けば全盲の選手が強いんです。彼女たちはアイシェードを着けていても着けていなくても変わらないので。

たとえば、音を拾うというのは、やはり全盲の選手の方が優れていますね。ボールをサーチする能力は高い。どこにボールが飛んだかというのを、パッと判断できる。そうしたサーチの力は、弱視の選手がものすごくトレーニングしないと追いつけない部分ですね。

伊藤　安達選手自身は、ふだんの生活のなかで感覚が変化してきたなと感じることはありますか。

安達　ありますね。音に対しては敏感になってきたと思います。

ただ、生活の中でも全盲の選手はやっぱりすごいと感じることがあります。以前、私と全盲の選手二人で待ち合わせしたことがありました。私と全盲の選手一人が待ち合わせ場所に到着していたんですが、もうひとりが来ない。「どこだ、どこだ」と捜していたら、隣にいた全盲の選手が、「あそこにいるよ」っていうんですよ。人ごみの中でどうやってわかったのと聞くと、「白杖をつく音が聞こえ

人ごみの向こうにいる人が分かる

た」っていうんですよ（笑）。私も鈴の音には反応できるし、だいぶ音には敏感になれているなとも思っていたんですけど、やっぱり上には上がいる。「あ、まだまだだな」って（笑）。

伊藤　全盲の人と弱視の人で、お互いの強みが違って面白いですね。今回のリオパラリンピックですが、前回チャンピオンとしての周りからの期待やプレッシャーを感じますか。

安達　海外のナショナルチームのレベルも上がってきているので、かなり厳しい戦いにはなると思います。ブラジルは近年、かなり力を入れているので、メダルを狙ってくるチームの一つだというふうには思います。中国も現在、世界ランク一位で、選手の入れ替えはあっても常に状態は高いレベルを保てるところです。あと、今はロシアとかトルコが上がってきていますね。日本代表もチーム全体として、もっと意識を高く持ってやらないといけないかなと思うこともあります。

伊藤　ロンドンではパラリンピックへの関心が相当高かったようですね。結果、パラリンピックだけで二七〇万枚のチケットが完売したそうです。ロンドンパラリンピックでプレイして、現地の熱は日本とは違いましたか？

安達　そうですね。パラリンピックでも、観客席の埋まり具合や声援が違いました。ロンドンの場合、オリンピック・パークにはパラリンピックの期間中もすごくたくさん人がいらっしゃっていました。ゴールボールの決勝は日本対中国、どちらもアジアの国の決勝だったのに、多くの方にきていただきました。

伊藤　日本では、どうしても自国のチームにばかり応援の熱がいってしまいがちです。でもヨーロッパなどのスポーツ文化が確立しているところでは、他国の試合でもあっても、いいプレイなら見に行くっていうスタンスなんですよね。

安達　まずは日本の一般の方々にも興味を持っていただけるように、自分たちが実力をつけないと駄目だと感じます。口だけで「日本の皆さん、もっと興味を持ってください」と訴えるだけでは難しい。世界を舞台に勝つという結果が、すごく大事だと思います。なので、しっかりとリオで結果を残せるよう、日頃からもっと意識を持って練習していきます。

おわりに

スポーツと障害。この二つは、実は水と油のような関係にあります。アスリートたちとの対談を重ねた数カ月。彼らの技術と戦略、体験したこともない運動の次元に驚きつつ、そんな根本的な問いの周りを、私の頭はぐるぐるとまわっていました。

競争であるかぎり、スポーツにおいて最も重要なのは「公平さ」です。薬物を使って筋力を増強したり、自分に有利な判定をするように審判に働きかけたりすることは禁止。すべての参加者が同じ条件で競技に臨んでいるという前提が保たれていなければなりません。

なぜ公平さが重要かといえば、能力の差をむき出しにするためです。特定の要因による影響を排除して、純粋に身体の能力で競い合うこと。それが近代的なスポーツの基本的な考え方です。

ところが障害は、そこに「多様な身体」を持ち込みます。一章の末尾で、スポーツがいかに「与えられた体」を元手に戦うことを理想としてかかげているかについて論じました。しかし、その理想とは裏腹に、障害は、スタート地点においてすでに人間の身体は同じではないのだ、ということを突きつけるのです。もちろん、障害者スポーツでは、障害の程度に応じたクラス分けがあり、レースごとの公平さが保たれるように工夫されています。しかし現実問題として、線引きは容易ではありません。ひとつとして同じ障害はないからです。

また、どこからどこまでが自分の能力なのか、その輪郭も揺らいできます。障害があると、ガイドのような他者の力を借りたり、義足などの器具を装着して運動することになるからです。

しかし水と油だからこそ、スポーツと障害はお互いに問いかけあう関係になれるともいえます。

障害という観点からスポーツを見ると、スポーツの拠って立つ「公平さ」が、生身の身体とは別のところにある理想であるかが際立ちます。障害のある人のみならず、健常者の身体だって本当は多様です。公平さを重視しようとすると、どうしてもその違いに目をつぶることになってしまう。

何をもって公平とするかの基準も実は曖昧です。男性と女性は別のカテゴリーで競技がなされるのに、人種の違いや身長差は考慮されません。近年、オリンピックとパラリンピックを統合しようという考え方が出てきていますが、それを実現するためには、健常者も含めた身体の多様性を前提としたルールのデザインが必須でしょう。

逆にスポーツから障害を見ることも、重要な示唆を与えてくれます。現代の日本において、少なくとも法律上は、障害は社会の側にあるものだと考えられています。「見えないこと」や「歩けないこと」といった身体的な能力そのものが障害なのではなくではなく、やりたいことを阻む社会の側の壁が、障害だというわけです。

それは障害の定義として確かに相応しいものです。しかし定義とは別に、健常者と障害者のあいだには、身体レベルの明確な違いがあります。スポーツは、この身体の違いをゲームが成立するための条件として創造的に生かしていく視点を与えてくれます。

東京でのオリンピック、パラリンピックを控えた今は、身体に対する見方をアップデートするチャンスでもあります。「パラリンピック」という言葉が最初に使われたのは、前回一九六四年の東京オリンピックが最初でした。祭典の華やかさや話題性だけに流されるだけでなく、身体の扱い方についてさまざまなアイディアが議論され、試されるといいなと思っています。その際、願わくは本書が一助になることを期待しています。

本書の執筆にあたって、多くの方にご協力いただきました。忙しい練習の合間をぬって対談に応じてくださった五名のアスリートのみなさん。代表選考を兼ねた試合を終えた直後や、海外での合宿に旅立つ数日前、そして直前にならないとフィックスしない練習スケジュールの谷間など、肉体的にも精神的にもギリギリの状況で、対談の時間を作っていただきました。ありがとうございました。

また、編集に携わってくれた潮出版社の桑野洋平さん。対談の場をセッティングしてくださっただけでなく、アスリートたちの言葉の面白さにいっしょになって「痺れて」くださり、とてもやりやすかったです。記して感謝申し上げます。

二〇一六年八月

伊藤亜紗

本書のテキストデータを提供します

視覚障害、肢体不自由などを理由として本書テキストデータを必要とされる方は、ご自身のメールアドレスを明記して、下のテキストデータ引換券(コピー不可)を同封の上、下記の住所までお申し込みください。

【宛先】

〒102-8110

東京都千代田区一番町6
一番町ＳＱＵＡＲＥ
㈱潮出版社　編集部

『目の見えないアスリートの身体論』
テキストデータ係

『目の見えない
アスリートの身体論』
テキストデータ引換券

伊藤亜紗

いとう・あさ

一九七九年東京都生まれ。東京工業大学リベラルアーツ研究教育院准教授。専門は美学、現代アート。もともとは生物学者を目指していたが、大学三年次に文転。二〇一〇年に東京大学大学院博士課程を単位取得のうえ退学。同年、博士号を取得(文学)。主な著作に『目の見えない人は世界をどう見ているのか』(光文社)、『ヴァレリーの芸術哲学、あるいは身体の解剖』(水声社)、参加作品に小林耕平《タ・イ・ム・マ・シ・ン》(国立近代美術館)などがある。

目の見えないアスリートの身体論
なぜ視覚なしでプレイできるのか

2016年9月7日　初版発行

著　者｜　伊藤亜紗
発行者｜　南　晋三
発行所｜　株式会社潮出版社
〒102-8110
東京都千代田区一番町6　一番町SQUARE
電話　■03-3230-0781（編集）
　　　■03-3230-0741（営業）
振替口座■00150-5-61090

印刷・製本｜　中央精版印刷株式会社
ブックデザイン｜　Malpu Design
写　真｜　後藤さくら
イラスト｜　櫻井通史

ISBN978-4-267-02059-9　C0295